Schnelle HÄKELPROJEKTE

Home-Deko, Accessoires & vieles mehr

ICH ♡ HÄKELN

Inhalt

HÄKEL-BASICS

SCHNELLE LIEBLINGSMODELLE

LOS GEHT'S!

Häkel-Basics

HÄKELNADELN

Häkelnadeln gibt es in den verschiedensten Ausführungen und Designs. Entscheidendes Kriterium für die Auswahl ist, dass die Nadel gut in der Hand liegt und Ihnen beim Häkeln nicht aus den Fingern rutscht. Es empfiehlt sich zum Häkeln mit glatten Materialien eher eine Holznadel, während Flauschiges besser über eine Nadel aus Aluminium rutscht. Dass die Nadelstärke zur Stärke des Garns passen sollte, versteht sich von selbst.

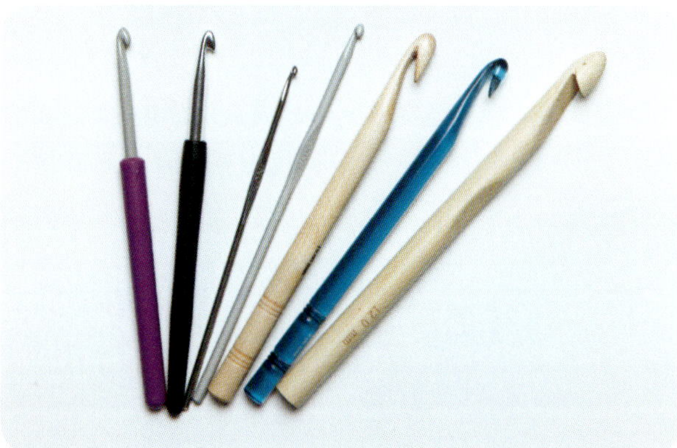

DIE NADELSTÄRKE

Im Normalfall ist eine Zahl auf die Nadel gedruckt oder geprägt. Sie gibt Auskunft über die Stärke des Hakens und den Durchmesser des Schafts unterhalb des Hakens (in mm). Die erhältlichen Nadelstärken reichen von 0,6 für die Verarbeitung feinster Garne bis zu Jumbonadeln der Stärke 20.

HÄKELGARNE

Prinzipiell kann man beim Häkeln fast jedes Garn verarbeiten, und Garne gibt es wie Sand am Meer. Für welche Stärke, Farbe, Struktur und Materialzusammensetzung Sie sich letztlich entscheiden, hängt davon ab, welche besonderen Eigenschaften das fertige Werk haben soll.

Die Grundmaterialien für die Garnherstellung sind natürliche Fasern – wie zum Beispiel Baumwolle und Leinen sowie Wolle und Seide – und synthetische Fasern wie Polyacryl, Polyester und Polyamid. Diese Fasern werden entweder zu reinen oder zu Mischgarnen versponnen. Sie haben ganz unterschiedliche Eigenschaften, die Sie bei Ihrer Entscheidung für oder gegen ein bestimmtes Garn bedenken sollten.

Für einige Modelle in diesem Buch sind Garnreste ausreichend. Als Rest wird eine Garnmenge von max. 20 g bezeichnet.

NADEL- UND FADENHALTUNG

Rechtshänder halten den Faden in der linken und die Nadel in der rechten Hand. Sie können die Häkelnadel entweder wie einen Stift oder wie ein Messer halten. Hier hat jeder Häkler seine Präferenz, wie die Nadel am leichtesten in der Hand liegt. Probieren Sie einfach aus, was für Sie am besten ist.

Auch hinsichtlich der Fadenhaltung gibt es verschiedene Techniken. Bei allen ist die letzte Station vor der Nadel der Zeigefinger. Man kann den Faden zum Beispiel durch die Innenhand laufen lassen und ein oder zweimal um den Zeigefinger wickeln (siehe Abb. 1) oder beginnend beim kleinen Finger zwischen den Fingern der linken Hand hindurch zum Zeigefinger führen (wer mag, wickelt ihn bei dieser Technik zuerst noch einmal um den kleinen Finger, siehe Abb. 2).

Entscheidend ist, dass der Faden gleichmäßig gespannt bleibt, denn nur so können Sie ein sauberes Maschenbild erzielen. Am besten experimentieren Sie ein bisschen herum, um herauszufinden, mit welcher Haltung Sie die beste Fadenspannung erreichen.

DIE LUFTMASCHENKETTE

Eine Kette aus mindestens zwei Luftmaschen steht am Anfang einer jeden Häkelarbeit. Die Luftmasche ist zugleich auch die einfachste und kleinste Masche beim Häkeln.

DIE ANFANGSSCHLINGE:

1 Legen Sie das Garn ca. 10 cm nach dem Fadenende zu einer Schlinge. Dabei liegt der Arbeitsfaden – das ist der vom Garnknäuel kommende Faden – unter der Schlinge.

2 Nun in die Schlinge stechen, den oberen Faden mit der Nadel holen und durch die Schlinge ziehen, dann am Arbeitsfaden ziehen, sodass sich die Schlaufe nicht allzu fest um die Nadel legt.

DIE LUFTMASCHEN:

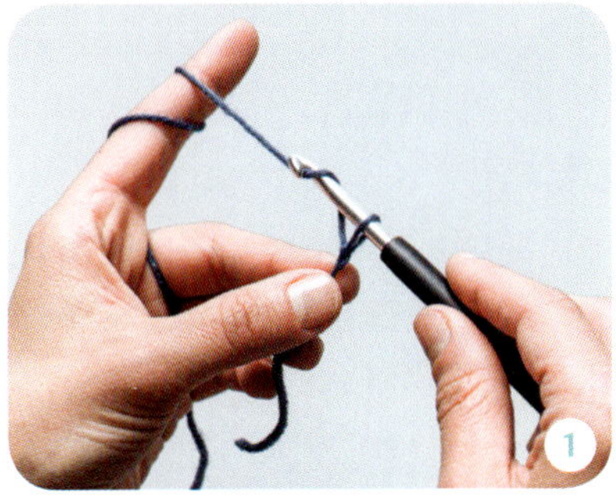

1 Achten Sie beim Häkeln der Luftmaschenkette darauf, das Fadenende mit Daumen und Mittelfinger der linken Hand zu spannen. Dann die Häkelnadel an den Arbeitsfaden legen und so drehen, dass der Faden sich um den Haken legt.

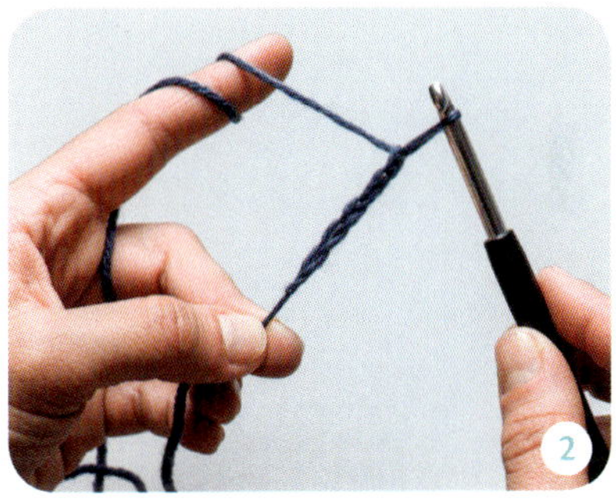

2 Den Faden durch die Arbeitsschlinge ziehen. Diesen Vorgang wiederholen Sie so lange, bis Sie die gewünschte Maschenzahl gehäkelt haben. Halten Sie dabei die Luftmaschenkette zwischen Daumen und Mittelfinger, um die Spannung zu halten, und achten Sie darauf, dass alle Luftmaschen dieselbe Größe haben und weder zu fest noch zu locker geraten. Sind sie zu fest, wird die erste Reihe Ihrer Arbeit nach außen fächern, sind sie zu lose, ziehen sich die Maschen in der folgenden Reihe zusammen.

WENDELUFTMASCHEN

Luftmaschen mit Sonderfunktion sind die sogenannten **Wendeluftmaschen (Wende-Lfm)**. Sie werden beim Arbeiten in Reihen am Ende jeder Reihe gehäkelt, um die passende Höhe für die in der nächsten Reihe folgenden Maschen zu erreichen. Wenn man auf die Wendeluftmasche(n) verzichtet, verjüngt sich die Häkelarbeit unweigerlich – es zieht an den Rändern. Wendeluftmaschen sorgen also für gerade Kanten. In vielen Häkelanleitungen ist

Maschenart	Anzahl der Wendeluftmaschen	Einstichmasche nach der Nadel (Wende-Lfm = erste Masche)	Einstichstelle nach der Nadel (Wende-Lfm zählt nicht als erste Masche)
Feste Masche	1 Lfm		zweite Masche
Halbes Stäbchen	2 Lfm	vierte Masche	dritte Masche
Stäbchen	3 Lfm	fünfte Masche	vierte Masche
Doppelstäbchen	4 Lfm	sechste Masche	fünfte Masche
Dreifachstäbchen	5 Lfm	siebte Masche	sechste Masche

angegeben, wie viele Wendeluftmaschen für das beschriebene Muster gearbeitet werden müssen. Grundsätzlich hängt die Anzahl der Wendeluftmaschen davon ab, welche Maschenart für die Folgereihe vorgesehen ist: So sind z. B. feste Maschen weniger hoch als Dreifachstäbchen. Die Wendeluftmaschen zählt man meist als erste Masche der Folgereihe (bei der Arbeit in festen Maschen allerdings nie).

Die Tabelle oben gibt Auskunft darüber, wie viele Wendemaschen man für welche Maschenart benötigt und in welche Masche man nach dem Wenden einsticht. Am Ende einer Reihe wird die letzte Masche in die letzte Wendeluftmasche der Vorreihe gearbeitet.

1 Beim Häkeln von Stäbchen benötigt man 3 Wendeluftmaschen. Wenn die Wendeluftmasche als erste Masche zählt, sticht man nach dem Wenden in die fünfte Masche nach der Nadel ein.

2 Am Ende der Reihe wird das letzte Stäbchen in die oberste Wendeluftmasche, also die dritte Luftmasche von unten, gearbeitet.

Bei der Arbeit in Runden nennt man die Wendeluftmaschen **Anfangsluftmaschen**. Arbeitet man sie nicht, entwickelt sich das Häkelstück spiralig, und es sind keine abgeschlossenen Runden mehr zu erkennen. Die Anfangsluftmaschen zählen als vollwertige Masche, und die Runde wird am Ende mit einer Kettmasche in die letzte Luftmasche der Anfangsluftmaschenkette geschlossen.

KETTMASCHEN

Kettmaschen (Km) sind die niedrigste Maschenart. Man verwendet sie nicht nur als Anschlussmaschen bei rundgehäkelten Arbeiten, sondern auch zur Stabilisierung von Kanten. Außerdem benutzt man sie wegen ihrer geringen Höhe, um Häkelnadel und Faden über eine Gruppe bereits bestehender Maschen in eine neue Position zu bringen.

Eine Kettmasche arbeitet man wie folgt:

1 + 2 In eine Masche der Vorreihe oder wie hier bei einer Luftmaschenkette in das oben liegende Maschenglied einstechen (1), dann den Faden holen und durch die beiden auf der Nadel liegenden Schlaufen ziehen (2). Fertig.

FESTE MASCHEN

1 Mit der Nadel in eine Masche der Vorreihe einstechen.

2 + 3 Faden holen und durch die erste auf der Nadel liegende Schlaufe ziehen. Damit liegen 2 Schlaufen auf der Nadel.

4 Nun den Faden erneut um die Nadel legen und durch beide Schlaufen ziehen. Damit ist die Masche fertig. Auf diese Weise eine feste Masche in jede Masche der Vorreihe häkeln bzw. wie in der jeweiligen Anleitung angegeben häkeln.

Am Ende der Reihe eine Wendeluftmasche häkeln und die nächste Reihe arbeiten. Achtung: Beim Arbeiten in festen Maschen zählt die Wendeluftmasche nicht als erste Masche. Sie müssen also am Reihenanfang in die erste Masche am Fuß der Wendeluftmasche einstechen.

Wenn Sie die festen Maschen als erste Reihe in eine Luftmaschenkette arbeiten, müssen Sie die Basiskette eine Masche länger häkeln als für den Anschlag vorgesehen. Diese Masche übergehen Sie dann am Reihenanfang, d. h., Sie stechen von der Nadel aus gesehen in die zweite Luftmasche ein. Die zusätzliche Masche dient als Wendeluftmasche.

HALBE STÄBCHEN

Halbe Stäbchen (hStb) ähneln in ihrem Musterbild den festen Maschen, sind jedoch lockerer und außerdem etwas höher. Sie werden mit einem zusätzlichen Umschlag gearbeitet:

1 Um ein halbes Stäbchen zu häkeln, legt man den Faden zunächst einmal um die Nadel, d.h., man macht einen sogenannten Umschlag.

2 Dann sticht man in die oberen beiden Maschenglieder der Vorreihe ein. Nun hat man drei Schlaufen auf der Nadel.

3 Im nächsten Schritt den Faden holen und durch die erste auf der Nadel liegende Schlaufe ziehen. Auf der Nadel sind immer noch drei Schlaufen.

4 Faden erneut holen und in einem Rutsch durch die drei auf der Nadel liegenden Schlaufen ziehen. Wenn Sie in Reihen häkeln, am Ende der Reihe zwei Wendeluftmaschen arbeiten und in die vorletzte Masche der Vorreihe einstechen: Die Wendeluftmaschen zählen i. d. R. als erste Masche.

STÄBCHEN

Stäbchen (Stb) sind eine sehr beliebte Maschenart. Sie werden in Häkelmustern häufig in Kombination mit anderen Maschen verwendet und bringen Höhe in die Häkelarbeit.

1 Legen Sie den Faden zunächst einmal um die Nadel, um einen Umschlag zu machen, und stechen Sie dann in die oberen beiden Maschenglieder der Vorreihe ein. Nun sind drei Schlaufen auf der Nadel.

2 Im nächsten Schritt wird der Faden geholt und durch die erste auf der Nadel liegende Schlaufe gezogen. Damit hat man weiterhin drei Schlaufen auf der Nadel.

3 Dann holt man den Faden erneut und zieht ihn durch die ersten beiden Schlaufen auf der Nadel. So verbleiben noch zwei Schlaufen.

4 Holen Sie den Faden jetzt noch ein letztes Mal und ziehen Sie ihn durch diese beiden Schlaufen. Beim Häkeln in Reihen wird jede Reihe mit drei Wendeluftmaschen begonnen, die i. d. R. das erste Stäbchen ersetzen. Eingestochen wird dann wie bei den halben Stäbchen in die vorletzte Masche der Vorreihe.

DOPPELSTÄBCHEN

Doppelstäbchen (DStb) häkelt man ganz ähnlich wie Stäbchen, allerdings werden sie noch höher, denn vor dem Einstechen in die Masche der Vorreihe wird der Faden zweimal um die Nadel geschlungen.

1 Legen Sie den Faden zweimal um die Nadel und stechen dann in die Masche ein. Sie haben nun vier Schlaufen auf der Nadel. Dann ziehen Sie den Faden durch die erste Schlinge.

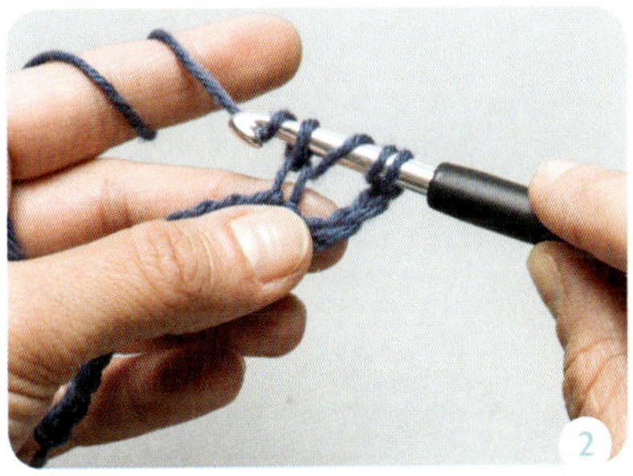

2 Sie haben weiterhin vier Schlaufen auf der Nadel. Nun den Faden holen und durch die ersten beiden Schlaufen ziehen.

3 Damit verbleiben 3 Schlaufen auf der Nadel. Nun ziehen Sie den Faden wieder durch die ersten beiden Schlaufen.

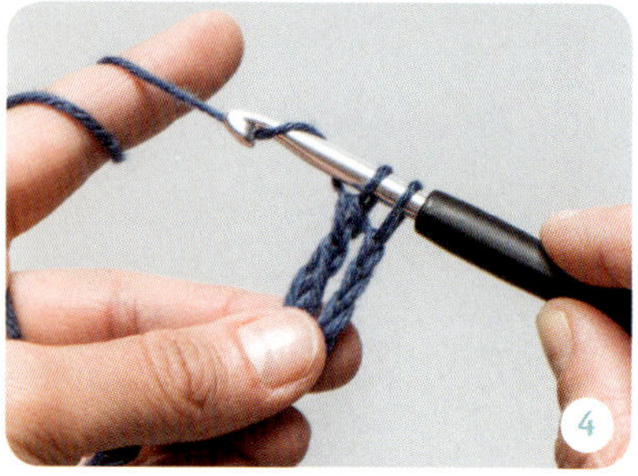

4 Im letzten Schritt ziehen Sie den Faden durch die beiden letzten Maschen auf der Nadel. Damit ist das Doppelstäbchen fertig. Beim Arbeiten in Reihen ersetzen 4 Wendemaschen das erste Doppelstäbchen. Zum Arbeiten des zweiten Doppelstäbchens sticht man in die vorletzte Masche der Vorreihe ein.

Reliefstäbchen

Reliefstäbchen verleihen einer Häkelarbeit eine besonders plastische Struktur. Gearbeitet werden sie ebenso wie Stäbchen, der Unterschied ergibt sich durch die veränderte Einstichstelle, denn sie werden statt in das Maschen-V der Vorreihe um die Maschenstiele der Vorreihe herumgehäkelt. Dabei kann man die Stiele von hinten oder von vorn aufnehmen. Voraussetzung dafür ist, dass in der Vorreihe langstielige Maschen gearbeitet wurden, z. B. Stäbchen oder Doppelstäbchen.

1 Um für ein Reliefstäbchen von vorn einzustechen, schieben Sie die Nadel von vorn nach hinten um den Maschenstiel, sodass er als erste Schlaufe auf der Nadel liegt.

2 Von hinten sticht man ein, indem man die Nadel von der Rückseite um den Maschenstiel herumführt, der dann als erste Masche auf der Nadel liegt.

Danach arbeitet man das Reliefstäbchen weiter wie gewohnt: Faden holen, durch die erste Schlaufe (den Maschenstiel) ziehen, Faden erneut holen, durch die beiden ersten Schlaufen auf der Nadel ziehen, Faden wieder holen und durch die letzten beiden Schlaufen ziehen.

Maschen ab- und zunehmen

Maschen werden ab- und zugenommen, um der Häkelarbeit die gewünschte Form zu verleihen. Zum Erhöhen und Verringern der Maschenzahl haben Sie beim Arbeiten in Reihen zwei Möglichkeiten: Entweder, Sie nehmen innerhalb einer Reihe ab bzw. zu oder Sie erledigen das am Reihenanfang oder -ende.

ZUNAHMEN INNERHALB EINER REIHE

Um eine Masche innerhalb einer Reihe zuzunehmen, häkeln Sie einfach zwei Maschen der gewünschten Maschenart in eine Einstichstelle. Dies ist am Rand der Arbeit, aber auch mitten in der Reihe möglich. Sie können auch über eine Reihe verteilt mehrere Maschen zunehmen. Wenn Sie nach Häkelanleitung arbeiten, ist meist ganz genau angegeben, an welchen Stellen zugenommen werden soll.

ZUNAHMEN AM RECHTEN RAND

1 Die Vorbereitungen für die Zunahme am rechten Rand (von der Vorderseite aus gesehen) beginnen bereits in der Vorreihe, an deren Ende Sie so viele Luftmaschen zusätzlich arbeiten, wie Sie für die Zunahme benötigen, und außerdem die für die jeweilige Maschenart notwendigen Wendemaschen.

2 Dann wenden Sie die Arbeit und behäkeln die neuen Luftmaschen in der gewünschten Maschenart.

ZUNAHMEN AM LINKEN RAND

Wenn Sie – von der Vorderseite Ihres Werkes aus betrachtet – am linken Rand Maschen zunehmen wollen, und das gegengleich zur rechten Seite, müssen Sie die dazu notwendige Luftmaschenkette separat anketten, da sich die Zunahmen sonst nicht auf gleicher Höhe befinden würden.

1 Legen Sie die Arbeitsschlaufe am Beginn der Reihe, in der Sie zunehmen wollen, mit einem Maschenmarkierer oder einer Sicherheitsnadel still.

2 Schlingen Sie dann ein Stück Häkelgarn an die letzte Masche der Reihe an. Häkeln Sie so viele Luftmaschen, wie Sie benötigen, schneiden Sie den Faden ab und ziehen Sie ihn durch die letzte Masche.

3 Nun nehmen Sie die stillgelegte Arbeitsschlaufe wieder auf und häkeln die Reihe bis zum Ende der Luftmaschenkette. Dann wie gewohnt weiterarbeiten.

ABNAHMEN INNERHALB EINER REIHE

Um Maschen innerhalb einer Reihe abzunehmen, können Sie einfach eine Masche der Vorreihe überspringen. Allerdings entsteht dann an dieser Stelle ein Loch. Das können Sie verhindern, indem Sie in einer Reihe mehrere Maschen zusammen abmaschen. Dazu arbeiten Sie die Maschen, die gemeinsam abgemascht werden sollen, zunächst alle bis auf den letzten Arbeitsschritt zu Ende, um dann zum Schluss den Faden in einem Rutsch durch alle auf der Nadel liegenden Schlingen zu ziehen. Das folgende Beispiel illustriert, wie man zwei Stäbchen zusammen abmascht:

1 Das erste Stäbchen arbeiten, bis nur noch zwei Schlingen auf der Nadel liegen: Dazu den Faden einmal um die Nadel legen, in die Masche der Vorreihe einstechen, Faden holen. Nun liegen drei Schlaufen auf der Nadel. Faden nochmals holen und durch die ersten beiden Schlaufen auf der Nadel ziehen, sodass nur noch zwei Schlaufen auf der Nadel liegen.

2 Dann das zweite Stäbchen ebenso in die nächste Masche der Vorreihe arbeiten. Nun liegen drei Schlaufen auf der Nadel. Den Faden holen und durch alle drei Schlaufen ziehen.

Abnahmen am Rand

Das Abnehmen von Maschen an Reihenanfang und -ende ist sehr unkompliziert. Für die Abnahme am rechten Rand, also am Reihenanfang, häkeln Sie in jede Masche, die abgenommen werden soll, eine Kettmasche, um dann – gewissermaßen am neuen Reihenanfang – zunächst die erforderliche Anzahl an Wendemaschen zu häkeln und die Arbeit in der gewünschten Maschenart fortzusetzen.

Für Abnahmen am linken Rand lassen Sie die Maschen, die abgenommen werden sollen, einfach unbehäkelt, d. h., Sie arbeiten die Reihe so weit, bis nur noch die Maschen übrig sind, die abgenommen werden sollen. Dann wenden Sie Arbeit, häkeln die nötigen Wendeluftmaschen und arbeiten weiter.

HÄKELN IN ABGESCHLOSSENEN RUNDEN

Eine Möglichkeit, kreisförmige bzw. runde Arbeiten zu häkeln, ist das Häkeln in Runden mit Kettmaschen-Abschluss. Jede Runde endet mit einer Kettmasche und beginnt mit einer oder mehreren Anfangs-Luftmaschen. Die Runden sind auf diese Weise klar voneinander abgegrenzt, Runden-Anfang und -ende befinden sich auf derselben Höhe. Es entsteht eine Naht auf der Außenseite der Arbeit.

1 Schlagen Sie zwei Luftmaschen an und häkeln Sie in die zweite Luftmasche von der Nadel aus die gewünschte Anzahl Maschen (hier feste Maschen). Schließen Sie die Runde mit einer Kettmasche in die erste Masche.
Es empfiehlt sich, runde Arbeiten aus festen Maschen grundsätzlich mit sechs festen Maschen zu beginnen, da sich bei mehr Maschen die Arbeit eventuell wellt bzw. bei weniger Maschen wölbt.

2 Beginnen Sie die zweite Runde mit einer oder mehreren Anfangs-Luftmaschen (statt der 1. Masche der nächsten Runde).
Ab jetzt werden kontinuierlich Maschen zugenommen. Zunächst wird in der zweiten Runde jede Masche der Vorrunde verdoppelt. In den folgenden Runden müssen Sie nicht mehr so häufig zunehmen. Im Normalfall reicht es, alle zwei bis drei Maschen eine Zunahme zu häkeln. Häkeln Sie so lange weiter, bis die Arbeit die gewünschte Größe erreicht hat. Für eine plastische Arbeit, die mit sechs Maschen in der ersten Runde begann, verdoppeln Sie in der dritten Runde jede zweite Masche, in der vierten Runde jede dritte Masche, in der fünften Runde jede vierte Masche usw. Dadurch wölben sich die Ränder der Arbeit nach und nach von allein nach oben.

HÄKELN IN SPIRALRUNDEN

Beim Häkeln in Spiralrunden entfallen Kett- und Anfangs-Luftmasche(n). Runden-Anfang und -Ende sind dadurch nicht klar abgegrenzt und befinden sich, da eine Spirale entsteht, nicht auf derselben Höhe (wodurch diese Technik für das Häkeln von Streifen weniger gut geeignet ist). Es empfiehlt sich, den Reihenbeginn mit einem Maschenmarkierer zu kennzeichnen, damit Sie bei den Zunahmen nicht den Überblick verlieren.

1 Beginnen Sie die erste Runde wie beim Häkeln mit abgeschlossenen Runden und häkeln Sie die gewünschte Maschenanzahl für die erste Runde. Prinzipiell kann man Spiralen in allen Grundmaschenarten häkeln, doch für die erste Runde sollten die Maschen nicht allzu hoch sein.

2 Häkeln Sie zwei Maschen in die erste Masche der Vorrunde und hängen Sie einen Maschenmarkierer in die erste der beiden.

3 Häkeln Sie nun je zwei Maschen in jede Masche der Vorrunde, bis Sie wieder am Reihenanfang mit der Markierung angelangt sind.

4 Maschenmarkierer entfernen und zwei Maschen in die erste Masche der Vorrunde häkeln, erste Masche wieder kennzeichnen. Weiter zunehmen, wie beim Häkeln in abgeschlossenen Runden beschrieben.

RUNDEN BEGINNEN MIT FADENRING

Ein Fadenring ist die beste Methode um sicherzustellen, dass eine rund gehäkelte Arbeit in der Anschlagsrunde später kein Loch aufweist, denn man kann ihn, bevor man die eigentlichen Runden beginnt, fest zuziehen. Somit ist ein Fadenring sehr gut geeignet, um filigrane Teile wie etwa Schmuck zu häkeln.

Es gibt verschiedene Möglichkeiten, einen Fadenring zu beginnen, z. B. mit Umwicklung des Daumens, wie unten gezeigt, oder auch direkt gelegt. Experimentieren Sie einfach, um die für Sie beste Methode herauszufinden.

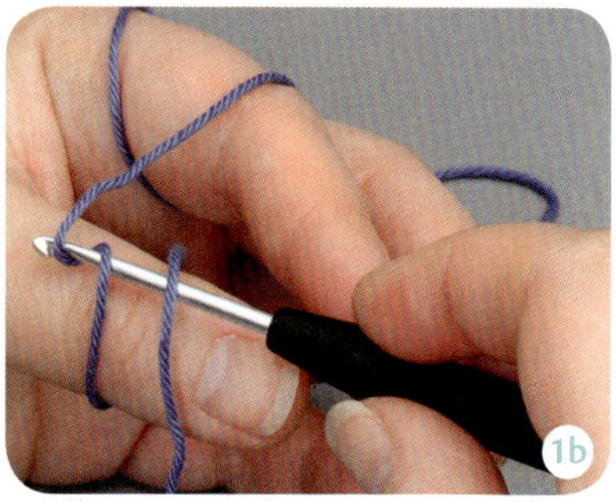

1 Den Faden doppelt um Zeigefinger und Daumen wickeln (1a), das lose Fadenende liegt vorne auf dem Daumen. Dann mit der Nadel vorsichtig unter dem vorderen Faden hindurchstechen und den hinteren Faden holen (1b), dabei das lose Fadenende gut festhalten.

2 Den hinteren Faden unter dem vorderen durchziehen. Eine Schlaufe ist entstanden.

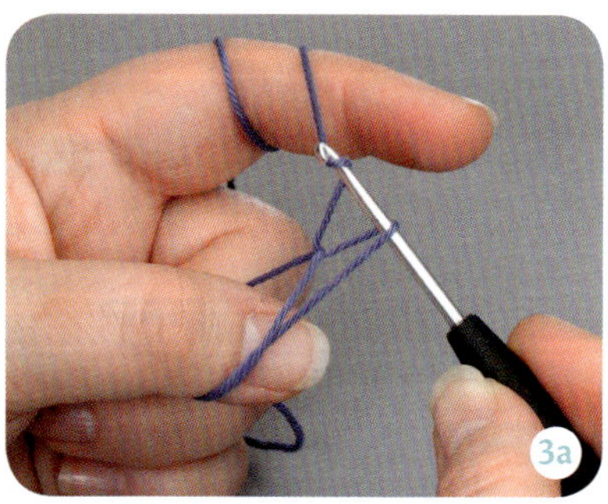

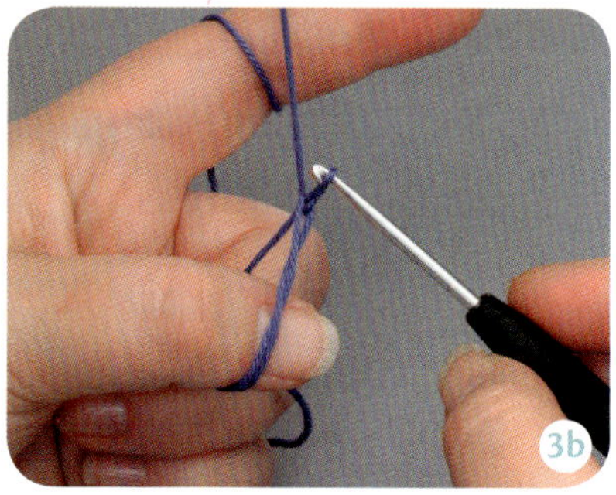

3 Den Arbeitsfaden holen (3a) und durch die Schlaufe ziehen (3b).

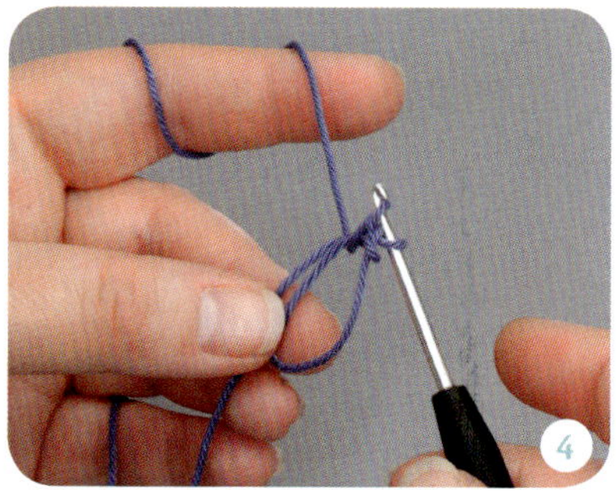

4 Den Fadenring vorsichtig vom Daumen ziehen und nun zwischen Daumen und Mittelfinger halten. Ab jetzt werden Maschen (hier feste Maschen) in den Ring gehäkelt. Für die erste feste Masche mit der Nadel durch den Ring stechen, den Faden holen und durch den Ring ziehen . Es liegen zwei Schlaufen auf der Nadel.

5 Faden holen – diesmal jedoch nicht durch den Ring hindurch – und durch beide Schlaufen ziehen. Die erste feste Masche ist fertig.

6 So weiter Maschen in den Ring häkeln, bis die gewünschte Maschenanzahl erreicht ist. Dann am Anfangsfaden ziehen, um den Fadenring zuzuziehen. Danach weiter in Runden häkeln.

HÄKELN NACH ANLEITUNG

Grundsätzlich unterscheidet man zwischen zwei Arten von Häkelanleitungen: Entweder es handelt sich um einen Text – oder vielmehr eine Aneinanderreihung einer ganzen Flut von Abkürzungen (diese können Sie hier im Buch auf S. 80 nachschlagen) – oder das Muster ist in grafischen Symbolen als sogenannte Häkelschrift dargestellt. In manchen Anleitungen wird auch beides kombiniert. Doch egal, mit welcher Anleitungsform Sie es zu tun haben: Studieren Sie die Anleitung ausführlich, bevor Sie mit der Arbeit loslegen, um sicher zu sein, alles verstanden zu haben.

Egal, um welche Darstellungsform es sich handelt: Häkelanleitungen folgen in ihrem Aufbau in der Regel einem immer gleichen Schema. Neben einem oder auch mehreren Farbfotos des Modells enthalten sie Angaben zur Größe sowie dem benötigten Material und Zubehör für das Projekt sowie besonders bei größeren Teilen eine Maschenprobe und natürlich die eigentliche Häkelanleitung.

DIE HÄKELSCHRIFT

So unübersichtlich eine Häkelschrift auf den ersten Blick auch erscheinen mag: Ihr großer Vorteil liegt darin, dass sie anschaulich darstellt, wie die Form des fertigen Elements oder des fertigen Teiles aussehen soll. Um zu verstehen, was zu tun ist, muss man lediglich wissen, was die einzelnen Symbole bedeuten. Eine Übersicht über die in diesem Buch verwendeten Zeichen finden Sie auf S. 80. Häkelmuster können mit der Hin- oder Rückreihe beginnen. In der Häkelschrift werden die Hinreihen am rechten Rand nummeriert, die Rückreihen am linken. Hinreihen liest man von rechts nach links, Rückreihen von links nach rechts. Man häkelt die Maschen in der Abfolge der Symbole der Häkelschrift. Gezählt werden die Reihen von unten nach oben und damit genauso, wie auch gehäkelt wird. Der Luftmaschenanschlag wird zwar auch abgebildet, zählt aber nicht als eigene Reihe. Bei Häkelschriften für Modelle, die in Runden gehäkelt werden, ist die Reihennummerierung am Anfang jeder Runde vermerkt, und man liest sie gegen den Uhrzeigersinn. Bisweilen finden sich in Häkelschriften auch Pfeile, die die Arbeitsrichtung angeben.

DIE MASCHENPROBE

Die Maschenprobe verrät Ihnen, wie viele Maschen und Reihen Sie häkeln müssen, um eine Fläche von 10 x 10 cm zu erhalten. Ist in einer Anleitung eine Maschenprobe angegeben, sollten Sie auf keinen Fall darauf verzichten, denn auch wenn die auf der Banderole Ihres Garns angegebene Maschenprobe eine erste Orientierung bietet, können Sie keinesfalls sicher sein, dass Sie mit Ihrem individuellen Häkelstil ohne Weiteres auf die gleichen Ergebnisse kommen wie die in der Häkelanleitung vermerkte Maschenprobe. Dies ist besonders wichtig, wenn Sie ein Garn mit anderen Eigenschaften (z. B. leicht anderer Lauflänge) als das in der jeweiligen Materialliste angegebene verwenden. Wie die Maschenprobe ausfällt, hängt davon ab, wie fest oder locker Sie Ihre Maschen häkeln und mit welcher Nadelstärke Sie das tun.

Häkeln Sie zunächst eine Maschenprobe mit der in der Anleitung angegebenen Nadelstärke. Ihr Probestück sollte auf jeden Fall mindestens 12 x 12 cm, besser noch 15 x 15 cm groß sein, damit Sie bequem ein 10 x 10 cm großes Feld ohne Randmaschen und Kanten auszählen können. Breiten Sie das fertige Probestück flach auf dem Tisch aus und messen Sie mit dem Lineal ein 10 x 10 cm großes Feld aus, das Sie mit Stecknadeln markieren. Zählen Sie dann die Maschen und Reihen innerhalb dieses Feldes aus. Wenn Sie dabei auf die gleichen Ergebnisse kommen, wie in der Maschenprobe der Anleitung angegeben, ist die gewählte Nadelstärke in Ordnung, und Sie können jetzt loslegen. Kommen Sie hingegen auf mehr Maschen und Reihen, bedeutet das, dass das Probestück zu fest gehäkelt ist – da hilft auch kein Ziehen und Zerren. Häkeln Sie darum ein zweites Probestück mit einer Häkelnadel in größerer Stärke und messen Sie erneut.

LOS
GEHT'S!

Schnelle Lieblingsmodelle

DIE NACHFOLGENDEN MODELLE KÖNNEN SIE IN WENIGEN STUNDEN HÄKELN, Z. B. AN EINEM BUMMELIGEN FEIERABEND ODER EINEM ENTSPANNTEN SONNTAG. EGAL, OB SIE ALLEIN ODER IM KREISE ANDERER HÄKELBEGEISTERTER ARBEITEN, VOR DEM FERNSEHER ODER BEI EINER GUTEN TASSE KAFFEE: HIER FINDEN SIE DIE PASSENDEN MODELLE FÜR VIELE ENTSPANNTE HÄKELSTUNDEN.

BLUMIGES

Lesezeichen

CA. 1 STD

SCHWIERIGKEITSGRAD:

GRÖSSE: ca. 25 cm lang, Blüte ø ca. 8 cm

MATERIAL

Je 50 g Häkelgarn in Rot und Dunkelgrün (100 % Baumwolle, LL 125 m/50 g)

Häkelnadel Nr. 3,5

Nähnadel mit großem Öhr

1 Knopf in Gelb, ø ca. 20 mm

ANLEITUNG:

Blüte

In Rot 8 Lfm anschl und mit 1 Km zum Ring schließen. Jede Rd beginnt mit 1 Lfm und endet mit 1 Km.

1. Rd: 3 Lfm (statt des 1. Stb), 3 Lfm in den Ring häkeln, *1 Stb, 3 Lfm*, von * bis * noch 6 x wdh (= 8 Blütenblätter)

2. Rd: *1 fM, 2 Lfm, 3 Stb, 2 Lfm, 1 fM um den Lfm-Bogen häkeln*, von * bis * noch 7 x wdh, 1 Km

3. Rd: 1 Relief-fM von hinten nach vorne um die 1. fM der Vor-Rd, *5 Lfm, 1 Relief-fM*, von * bis * noch 7 x wdh

4. Rd: *1 fM, 2 Lfm, 5 Stb, 2 Lfm, 1 fM um den Lfm-Bogen häkeln*, von * bis * noch 7 x wdh, 1 Km

5. Rd: 1 Relief-fM von hinten nach vorne um die 1. fM der Vor-Rd, *6 Lfm, 1 Relief-fM*, von * bis * noch 7 x wdh

6. Rd: *1 fM, 2 Lfm, 7 Stb, 2 Lfm, 1 fM um den Lfm-Bogen häkeln*, von * bis * noch 7 x wdh, 1 Km

Stengel

In Dunkelgrün 54 Lfm anschl.

1. R: 3 Wende-Lfm, 2 Stb in 1 M, 1 Stb, 2 Stb in 1 M, 1 Stb, 2 Stb zus. abm, 1 Stb, *3 Stb zus. abm, 1 Stb, 2 Stb zus. abm, 1 Stb, 2 Stb in 1 M, 1 Stb, 3 x 2 Stb in 1 M, 1 Stb, 2 x 2 Stb in 1 M, 1 Stb, 2 Stb zus. abm, 1 Stb*, von * bis * noch 1 x wdh, 3 Stb zus. abm, 1 Stb, 2 Stb zus. abm, 1 Stb, 2 Stb in 1 M, 1 Stb, 2 Stb in 1 M, 5 Stb

2. R: 1 Wende-Lfm, nur in vorderes M-Glied: 53 fM

Die 1. und 2. R noch 2 x wdh.

FERTIGSTELLEN

Fäden abschneiden und vernähen. Den Knopf auf den Stengel nähen und die Blüte damit befestigen.

Wäscheklammervöglein

AUS WOLLRESTEN

CA. 30 MIN

SCHWIERIGKEITSGRAD:

GRÖSSE: ca. 5 x 5 cm (ohne Wäscheklammer)

MATERIAL

Häkelgarnreste in Schwarz, Grau, Weinrot, Gelb und Rot (100 % Baumwolle, LL 125 m/50 g)

Häkelnadel Nr. 3,5

3 Holzwäscheklammern

Nähnadel, Heißkleber

ANLEITUNG:

Amsel, Rotkehlchen und Dompfaff werden auf die gleiche Weise, jedoch in unterschiedlichen Farben gehäkelt.

Kopf und Körper

1. R: 2 Lfm, 3 fM in 2. Lfm von der Nd aus (= 3 M)

2. R: 2 Lfm (statt des 1. Stb), 1 hStb, 2 Stb in 1 M (= 5 M)

3. R: 2 Lfm (statt des 1. Stb), 1 hStb, 1 fM, 2 Stb in 1 M (= 7 M)

Hier beginnt, ggf. in anderer Farbe, der **Kopf**:

4. R: 1 Lfm, in nächste M: 1 fM, 1 hStb, 2 Stb, 1 hStb, in nächste M: 1 fM (= 7 M)

Schnabel

Faden in Gelb vorn am Kopf mit 1 Km anketten, 4 Lfm, mit 1 Km in die 1. Km befestigen

Fuß (2 x)

Faden in Gelb unten am Körper mit 1 Km anketten, 3 Lfm

FERTIGSTELLEN

Fäden abschneiden und vernähen. Bei Amsel und Dompfaff in Grau, beim Rotkehlchen in Schwarz die Augen mit 2 bis 3 Stichen aufsticken. Für den Schwanz je 3 ca. 5 cm lange Fäden zusammen hinten am Körper mit 1 Kettmasche befestigen. Beim Rotkehlchen die rote Kehle um die Maschen vorne am Hals herum mit 4 bis 5 Stichen aufsticken. Die Vögel seitlich auf die Wäscheklammern kleben.

Boyfriend-Loop

MIT STRUKTURMUSTER

CA. 1,5 STD

SCHWIERIGKEITSGRAD:

GRÖSSE: ca. 25 cm hoch, 60 cm Umfang

MATERIAL

200 g Häkelgarn in Petrol (50 % Baumwolle, 50 % Polyacryl, LL 100 m/100 g)

Häkelnadel Nr. 6

Nähnadel mit großem Öhr

MASCHENPROBE:

12 hStb x 7 R = 10 x 10 cm

ANLEITUNG:

In Petrol 30 Lfm anschl.

1.+2. R: 2 Wende-Lfm, 30 hStb

3. Rd: 2 Wende-Lfm, nur in hinteres M-Glied: 30 hStb

4. R: 2 Wende-Lfm, 30 hStb

Die 3. und 4. R noch 19 x wdh.

FERTIGSTELLEN

Die Anschlags-R und die letzte R auf links mit fM zus.häkeln. Dann über den oberen und unteren Rand des Loops je 1 Rd fM häkeln, dabei jede 10. M verd und mit 1 Lfm statt der 1 fM beginnen, mit 1 Km enden. Arbeit beenden, Faden abschneiden und vernähen.

Joggermütze und Stirnband

MIT REFLEKTORGARN

STIRNBAND CA. 1 STD
MÜTZE CA. 2 STD

SCHWIERIGKEITSGRAD:

GRÖSSE: je Kopfumfang ca. 58 cm

MATERIAL

Stirnband

Häkelgarnreste in Schwarz, Hellgrün und Türkis (51 % Baumwolle, 49 % Polyamid, LL 45 m/25 g)

Rest Reflektorgarn in Gelb (als Beilaufgarn)

Mütze

70 g Häkelgarn in Schwarz, 30 g in Hellgrün sowie Rest in Türkis (51 % Baumwolle und 49 % Polyamid, LL 45 m/25 g)

30 g Reflektorgarn in Gelb (als Beilaufgarn)

Beide

Häkelnadel Nr. 4

Nähnadel mit großem Öhr

MASCHENPROBE:

15 Stb x 9 R = 10 x 10 cm

ANLEITUNG:

Jede Stb-Rd beginnt mit 3 Lfm und endet mit 1 Km.

Stirnband

In Schwarz 80 Lfm anschl und mit 1 Km zur Rd schließen

1.+2. Rd: 80 Stb

3. Rd: in Hellgrün und Reflektorgarn 80 Stb

4. Rd: in Türkis 80 Stb

5. Rd: in Hellgrün und Reflektorgarn 80 Stb

6.+7. Rd: in Schwarz 80 Stb

Mütze

1. Rd: in Schwarz 4 Lfm, 10 Stb in 4. Lfm von der Nd aus (= 10 Stb)

2. Rd: jede M verd (= 20 Stb)

3.–8. Rd: jede 2./3./4./5./6./7. M verd (= 30/40/50/60/70/80 Stb)

9. Rd: jede 50. M verd (= 82 Stb)

10.–17. Rd: 82 Stb

18.–24. Rd: in Hellgrün und Reflektorgarn 82 Stb

25. Rd: in Türkis 82 Stb

FERTIGSTELLEN

Alle Fäden abschneiden und vernähen.

SICHTBAR SPORTLICH

Yogasocken

MIT RÜSCHENRAND

CA. 1,5 STD

SCHWIERIGKEITSGRAD:

GRÖSSE: 38–40

MATERIAL

Je 50 g Häkelgarn in Türkis, Marine und Anthrazit (50 % Baumwolle und 50 % Polyacryl, LL 100 m/100 g)

Häkelnadel Nr. 6

Nähnadel

MASCHENPROBE:

11 hStb x 7 R = 10 x 10 cm

ANLEITUNG:

Jede fM-Rd beginnt mit 1 Lfm und endet mit 1 Km.

Jede hStb-Rd beginnt mit 2 Lfm statt des 1. hStb und endet mit 1 Km.

In Marine von unten beginnen. 24 Lfm anschl und mit 1 Km zur Rd schließen. Die Rüschen in Türkis werden zum Schluss (Rd 18) gehäkelt.

1. Rd: 24 hStb

2. Rd: in Türkis *2 hStb in 1 M, 1 M überspringen*, von * bis * noch 11 x wdh (= 24 hStb)

3. Rd: in Anthrazit 2 hStb in jeden Zwischenraum der Vor-Rd (= 24 hStb)

4. Rd: 24 fM

5. Rd: in Türkis 24 fM

6.+7. Rd: in Marine 24 hStb

8. Rd: in Türkis 24 hStb

9. Rd: in Anthrazit 11 fM und 15 Lfm anschl und mit 1 Km in die 1. fM schließen; die restlichen 13 fM der Rd bleiben unbehäkelt (= 26 M)

10. Rd: 11 fM, 2 M zus.häkeln, 11 fM, 2 M zus.häkeln (= 24 fM)

11. Rd: in Türkis *2 hStb in 1 M, 1 M überspringen*, von * bis * noch 11 x wdh (= 24 hStb)

12. Rd: in Marine 2 hStb in jeden Zwischenraum der Vor-Rd (= 24 hStb)

13. Rd: 24 fM

14. Rd: in Türkis 24 fM

15.+16. Rd: in Anthrazit 24 hStb

17. Rd: in Türkis 24 hStb

18. Rd: in Türkis über die Gegenseite der Anfangs-Lfm-Rd: *in 1 M: 1 fM, 1 hStb, 1 Stb, 1 hStb, 1 fM; 3 M überspringen*, von * bis * noch 5 x wdh

Die zweite Socke auf dieselbe Weise häkeln.

FERTIGSTELLEN

Alle Fäden abschneiden und vernähen.

OMMMM ...

Schlafmaske

SIXTIES-BRILLE

CA. 1,5 STD

SCHWIERIGKEITSGRAD:

GRÖSSE: Kopfumfang ca. 56 cm

MATERIAL

Je 20 g Häkelgarn in Schwarz und Weiß sowie Rest in Rot (100 % Baumwolle, LL125 m/50 g)

Häkelnadel Nr. 2,5

Nähnadel

ANLEITUNG:

Jede fM-Rd beginnt mit 1 Lfm.

BRILLE (2 x)

In Schwarz 28 Lfm und 1 Wende-Lfm anschl.

1. Brillenglas

1. Rd: 12 fM, die restlichen 16 M unbehäkelt lassen

2. Rd: 2 M zus.häkeln, 10 fM (= 11 fM)

3. Rd: 2 M zus.häkeln, 9 fM (= 10 fM)

4. Rd: 2 M zus.häkeln, 8 fM (= 9 fM)

5. Rd: 2 M zus.häkeln, 7 fM (= 8 fM)

6. Rd: 2 M zus.häkeln, 6 fM (= 7 fM)

7. Rd: 2 M zus.häkeln, 5 fM (= 6 fM)

2. Brillenglas

In der Anschlags-Lfm-Kette in die 4. Lfm neben dem 1. Brillenglas einstechen und 12 fM häkeln. Danach wie 1. Brillenglas ab Rd 2 arb.

Brillengestell

Das Brillengestell wird um die beiden Gläser herum gearb.

1. Rd: in Schwarz am linken Brillenglas in der linken oberen Ecke starten und rund um beide Brillengläser fM häkeln, dabei jede 4. M verd und am unteren Teil des Stegs in die 4 unbehäkelten Lfm 4 Km arb

2. Rd: in Weiß jede 3. M verd, am unteren Teil des Stegs 3 Km häkeln, am oberen Teil 2 tiefer gestochene fM arb

3. Rd: von der linken oberen Ecke des linken Brillenglases am Rand entlang nach unten arb: 4 Lfm und 2 DStb in 1 M, 2 Stb, 2 hStb, danach fM bis zum unteren Teil des Stegs, dort 5 fM zus. häkeln, fM bis 5 M vor der rechten oberen Ecke des rechten Brillenglases: 2 hStb, 2 Stb, 3 DStb in 1 M, danach bis zur Mitte der oberen Seite des rechten Brillenglases 7 DStb häkeln. Dann 1 Stb, 1 M überspringen, 1 hStb, 1 M überspringen, *1 fM, 1 M überspringen*, von * bis * noch 3 x wdh, **1 Km, 1 M überspringen**, von ** bis ** noch 1 x wdh, ***1 fM, 1 M überspringen***, von *** bis *** noch 3 x wdh, 1 M überspringen, 1 hStb, 1 M überspringen, 1 Stb, 7 DStb

BAND

In Weiß 80 Lfm und 2 Wende-Lfm anschl; dann 80 hStb.

FERTIGSTELLEN

Auf eine Brille mit Knötchenstich rote Punkte in die oberen Ecken des Brillengestells sticken, dann beide Brillen aufeinanderlegen und rundum mit Garn in Weiß zusammennähen. Das Band an die Brille nähen. Beim Steg noch mit weißer Wolle ein paar Stiche zu den tiefer gestochenen M hinzufügen. Die Spiegelungsstreifen auf den Gläsern mit Garn in Weiß aufsticken.

SWEET DREAMS

SCHICKES

Lochmuster-Stirnband

SCHWIERIGKEITSGRAD:

GRÖSSE: Kopfumfang ca. 56 cm, ca. 8 cm breit

CA. 1 STD

MATERIAL

50 g Häkelgarn in Helllila (50 % Baumwolle, 50 % Polyacryl, LL100 m/100 g)

Häkelnadel Nr. 6

Nähnadel

MASCHENPROBE:

12 fM x 18 R = 10 x 10 cm

ANLEITUNG:

Jede fM-Rd beginnt mit 1 Lfm und endet mit 1 Km.

Jede Stb-Rd beginnt mit 3 Lfm statt des 1. Stb und endet mit 1 Km.

60 Lfm anschl und mit 1 Km zur Rd schließen

1.+2. Rd: 60 fM

3. Rd: *2 Stb in 1 M, 1 Lfm, 2 M überspringen*, von * bis * noch 14 x wdh, 1 Stb (= 30 Stb + 15 Lfm)

4.+5. Rd: 1 Km in das 1. Stb der Vor-Rd, *2 Stb um Lfm-Bogen der Vor-Rd, 1 Lfm*, von * bis * noch 14 x wdh (= 30 Stb + 15 Lfm)

6.+7. Rd: 60 fM

FERTIGSTELLEN

Faden abschneiden und vernähen.

Tipp

Für ein etwas wärmeres Stirnband mit kleineren Löchern die Stb durch hStb ersetzen. Hier wurden für die 6 cm breite Variante 50 g Häkelgarn in Rot (70 % Polyacryl, 30 % Schurwolle, LL 55 m/50 g) verwendet. Für ein breiteres Band die 4. bzw. 5. Rd wiederholen, bis das gewünschte Maß erreicht ist, dafür entsprechend mehr Garn bereithalten.

EINMAL

Prinzessin sein

CA. 2 STD

SCHWIERIGKEITSGRAD:

GRÖSSE: ca. 17 x 13 cm

MATERIAL

20 g Glitzerhäkelgarn in Rosa (80% Viskose, 20% Polyester metallisiert, LL 100 m/25 g)

Haarreif in Rosa, Ober- und Unterseite glatt, ø Reif ca. 0,5 cm

2 Kunststoffperlen, facettiert, in Rosa, ø 0,5 cm

1 Kunststoffperle in Weiß, ø 0,5 cm

Häkelnadel Nr. 2,5

Nähnadel

ANLEITUNG:

Jede fM-R beginnt mit 1 Wende-Lfm.

Jede fM-Rd beginnt mit 1 Lfm und endet mit 1 Km.

Schlauch:

In Rosa 6 Lfm anschl und mit 1 Km zur Rd schließen. Dann in Spiral-Rd mit je 6 fM häkeln, bis der Schlauch so lang wie der Haarreif ist. Den Schlauch über den Haarreif stülpen und die beiden Enden vernähen.

Diadembögen:

1. Bogengruppe

Mitte des Haarreifs markieren, 20 fM nach rechts zählen, dann die 1. R beginnen:

1. R: 40 Rel-fM, von vorne gestochen

2. R: *6 Lfm, 3 M überspringen, 1 Km, ab * noch 9 x wdh

3. R: 1 Lfm, *um Lfm-Bogen der Vor-Rd 6 hStb, ab * noch 9 x wdh, 1 Km

2. Bogengruppe

Beim 4. Bogen von rechts zwischen dem 3. und 4. Stb beginnen:

1. R: 1 Km, 6 Lfm, 1 Km zwischen dem 3. und 4. Stb des 5. Bogens, 8 Lfm, 1 Km zwischen dem 3. und 4. Stb des 6. Bogens, 6 Lfm, 1 Km zwischen dem 3. und 4. Stb des 7. Bogens

2. R: 1 Lfm, 5 fM um den 1. Lfm-Bogen, 7 DStb um den 2. Lfm-Bogen, 5 fM um den 3. Lfm-Bogen, 1 Km

FERTIGSTELLEN

Faden abschneiden und vernähen. Die drei Perlen in die Zwischenräume der drei Teilstücke des zweiten Bogens nähen. Ggf. die Krone stärken, so sind die Bögen stabiler. Dafür einfach Wäschestärke verwenden und den Herstelleranleitungen folgen.

Tipp

So ein Krönchen ist perfekt sowohl für kleine als auch große Prinzessinnen. Es ist im Notfall Aufheiterung für die beste Freundin, Accessoire für Geburtstage und Junggesellinnenabschiede, witziges Zubehör für eine Fotobooth, ... und auch in anderen Farben gehäkelt, hat es eine tolle Wirkung!

DEKORATIVE

Mini-Vase

CA. 3 STD

SCHWIERIGKEITSGRAD:

GRÖSSE: Umfang ca. 32 cm an der dicksten Stelle, ca. 15 cm hoch

MATERIAL

50 g Häkelgarn in Hellgrau sowie Reste in Gelb, Weiß und Hellgrün (100 % Baumwolle, LL 125 m/50 g)

Häkelnadel Nr. 3,5

Nähnadel

passende kleine, bauchige Glasvase

ANLEITUNG:

Jede fM-Rd beginnt mit 1 Lfm und endet mit 1 Km.

Vase

1. Rd: in Hellgrau 2 Lfm, 6 fM in 2. Lfm von der Nd aus (= 6 fM)

2. Rd: jede M verd (= 12 fM)

3. Rd: jede 2. M verd (= 18 fM)

4. Rd: jede 3. M verd (= 24 fM)

5. Rd: jede 4. M verd (= 30 fM)

6. Rd: jede 5. M verd (= 36 fM)

7. Rd: jede 6. M verd (= 42 fM)

8. Rd: jede 7. M verd (= 48 fM)

Prüfen, ob der Bodendurchmesser zu dem der Glasvase passt; ggf. auf die gleiche Weise weiter M zunehmen oder Rd wieder auflösen. Für die Höhe dabei später in der 10.–16. oder 20.–29. Rd ggf. Rd ergänzen oder weglassen.

9. Rd: nur in hinteres M-Glied: hStb, dabei jede 7. M verd (= 56 hStb)

10.–16. Rd: 56 hStb

17. Rd: jede 7. und 8. M zus.häkeln (= 48 hStb)

18. Rd: 48 hStb

19. Rd: jede 6. und 7. M zus.häkeln (= 42 hStb)

20.–29. Rd: 42 hStb

30. Rd: in Gelb 42 hStb

31. Rd: in Weiß 42 hStb

32. Rd: in Grau 42 hStb

Blüte

In Gelb 6 Lfm anschl und mit 1 Km zum Ring schließen.

1. Rd: 10 fM in den Lfm-Ring arb, mit 1 Km zur Rd schließen

2. Rd: in Weiß *1 fM, 10 Lfm, mit 1 Km in die fM schließen, ab * noch 9 x wdh (= 10 Blütenblätter)

FERTIGSTELLEN

Die Blüte vorne auf die Vase nähen, alle Fäden abschneiden und vernähen. Die Häkelvase über die Glasvase ziehen.

EINFACH (UND) ZAUBERHAFT

Windlicht

MIT SCHLEIFENBLÜTE

CA. 3,5 STD

SCHWIERIGKEITSGRAD:

GRÖSSE: 15 cm hoch, ø 10 cm (oben)

MATERIAL

50 g Häkelgarn in Rosa und Rest in Creme (100 % Baumwolle, LL 125 m/50 g)

Satinband in Creme, 1 cm breit, 50 cm lang

Einweckglas in Tulpenform, 15 cm hoch, ø 10 cm

Häkelnadel Nr. 3

Gummifaden in Weiß

MASCHENPROBE:

28 M x 36 R = 10 x 10 cm

ANLEITUNG:

In Rosa in Rd häkeln, jede Rd endet mit 1 Km. Jede 1. fM durch 2 Lfm, jedes 1. Stb durch 3 Lfm ersetzen. 72 Lfm in Rosa anschl und mit 1 Km zum Ring schließen.

1.–4. Rd: 72 fM

5. Rd: *1 fM, 4 Lfm, 2 M überspringen, ab * stets wdh

6.+7. Rd: Km bis zur Mitte des 1. Lfm-Bogens häkeln, 1 fM um den Bogen, *6 Lfm, 1 fM um den nächsten Lfm-Bogen, ab * stets wdh, die Rd endet mit 6 Lfm und 1 Km

8. Rd: Km bis zur Mitte des 1. Lfm-Bogens häkeln, *2 Stb, 1 Lfm, 2 Stb um den Lfm-Bogen, ab * stets wdh

9. Rd: Km bis zur Mitte des 1. Lfm-Bogens häkeln, *1 Stb, 1 Lfm, 1 Stb um die Lfm der Stb-Gruppe der Vor-Rd und 1 Stb um den Zwischenraum vor der folgenden Stb-Gruppe, ab * stets wdh. Die Rd endet mit 1 Km.

10. Rd: 3 Lfm, *2 Lfm, die Stb-Gruppe der Vor-Rd überspringen, 1 Stb in das folgende Stb, ab * stets wdh. Die Rd endet mit 2 Lfm und 1 Km.

11. Rd: *4 Stb um den folgenden Lfm-Bogen, 2 Lfm, 1 Lfm-Bogen überspringen, ab * stets wdh

12. Rd: 3 Lfm, *2 Lfm, 4 Stb um den folgenden Lfm-Bogen, 1 Lfm-Bogen überspringen, ab * stets wdh. Die Rd endet mit 2 Lfm und 1 Km.

13.–16. Rd: 11. und 12. Rd 2 x wdh

17. Rd: *in das 1. Stb einer Gruppe 1 Stb, 2 Lfm, in das letzte Stb der Stb-Gruppe 1 Stb, 2 Lfm, ab * stets wdh

18. Rd: um jeden Lfm-Bogen 4 fM

19. Rd: fM

20. Rd: *1 fM, 2 fM zus.häkeln, ab * stets wdh

21. Rd: fM

Gummifäden am oberen und unteren Rand einziehen. Hülle mit der linken Seite nach außen über das Glas stülpen. Weite der Gummifäden überprüfen, fest verknoten. **Satinband** am oberen Rand einziehen.

FÜR ZUHAUSE

Blüte

In Creme 6 Lfm, mit
1 Km zum Ring schließen. Jede Rd beginnt mit 1 Lfm statt der
1. fM und endet mit 1 Km.

1. Rd: *1 fM, 1 hStb, 2 Stb, 1 Dstb, 2 Stb, 1 hStb
in den Lfm-Ring häkeln, ab * noch 3 x wdh (= 32 M). M dicht im Ring zus.schieben (= 32 M)

2. Rd: fM in Rosa. Dabei 4 x in die mittlere M-Gruppe der Vor-Rd (= 1 Stb, 1 DStb, 1 Stb) je 2 fM arb (= 44 M)

3. Rd: jede fM verd (= 88 M)

4. Rd: *1 fM, 3 Lfm, 1 fM in die 1. Lfm ab Nd, 2 M überspringen, ab * stets wdh (= 30 Picots)

FERTIGSTELLEN

Fadenenden vernähen, Satinband-Enden durch die Blüte fädeln und eine Schleife binden.

MODISCHES

Häkelarmband

JE CA. 45 MIN

SCHWIERIGKEITSGRAD:

GRÖSSE: ca. 18 cm x 2,5 cm

MATERIAL

Häkelgarnreste in vier Farben nach Wunsch (100 % Baumwolle, LL125 m/50 g)

Häkelnadel Nr. 2,5

Knopf in passender Farbe zum Garn, ø 1,5 cm

Nähnadel

ANLEITUNG:

Jede fM-R beginnt mit 1 Lfm.

Da die Farben nach Wunsch ausgewählt werden können, sind sie hier als Farbe A bis D angegeben.

1 Noppe = 3 zus. abgem Stb in 1 M

1. R: in Farbe A 52 Lfm anschl, 1 Km in 9. Lfm von der Nd aus, 42 fM (= 43 M)

2. R: in Farbe A 5 fM, *2 fM in Farbe A, 1 Noppe aus 3 Stb in Farbe B*, von * bis * noch 10 x wdh, 5 fM (= 43 M)

3. R: in Farbe A 43 fM

4. R: in Farbe C 1 fM, *1 fM, 3 hStb in 1 M, 1 Km*, von * bis * noch 13 x wdh (= 43 M)

5. R: in Farbe D über die Gegenseite der Anschlags-Lfm-Kette 43 fM

FERTIGSTELLEN

Alle Fäden abschneiden und vernähen. Knopf annähen.

Tawashi

GEHÄKELTE PUTZHELFER!

JE CA. 1-1,5 STD

SCHWIERIGKEITSGRAD:

GRÖSSE: XL-Tawashi ø 14 cm, Noppen-Tawashi ø 10 cm, Fisch-Tawashi ø 11 cm

MATERIAL

Klassischer Tawashi in XL

40 g Häkelgarn in Bunt gemustert (100 % Baumwolle, LL 125 m/50 g)

Häkelnadel Nr. 3

Noppen-Tawashi

20 g Häkelgarn in Blau sowie Rest in Hellblau (100 % Baumwolle, LL 125 m/50 g)

Häkelnadel Nr. 4

Fisch-Tawashi

25 g Häkelgarn in Gelb sowie Reste in Hellgrün und Blaugrün (100 % Baumwolle, LL 125 m/50 g)

Häkelnadel Nr. 3

Alle

Nähnadel mit großem Öhr

ANLEITUNG:

Jede fM-R beginnt mit 1 Wende-LfM.

Jede hStb-R beginnt mit 2 Wende-LfM.

Jede fM-Rd beginnt mit 1 Lfm und endet mit 1 Km.

Jede hStb-Rd beginnt mit 2 Lfm und endet mit 1 Km.

KLASSISCHER TAWASHI IN XL

Mit Häkelgarn in Bunt gemustert 28 Lfm und 2 Wende-Lfm anschl.

1. R: 28 hStb

2. R: nur in hinteres M-Glied: 1 M verd, 25 hStb, 2 M zus.häkeln (= 28 hStb)

3. R: nur in vorderes M-Glied: 2 M zus.häkeln, 25 hStb, 1 M verd (= 28 hStb)

Die 2. und 3. R noch 25 x wdh.

Fortsetzung auf S. 38

FERTIGSTELLEN

Den Tawashi rechts auf rechts zusammenklappen. Die Anschlags-Lfm-Kette und die letzte R mit fM zusammenhäkeln. Mithilfe der Nadel einen Faden durch die Maschen eines Randes des so entstandenen Zylinders ziehen und die Fadenenden zusammenziehen. Auf rechts wenden und am anderen Rand wiederholen, sodass beide Enden fest verschlossen sind. Ggf. noch vorhandene kleine Löcher zunähen. Den Tawashi flachdrücken, die zusammengezogenen Löcher befinden sich oben und unten. Damit die Form erhalten bleibt, mit ein paar Stichen um die zusammengezogenen Stellen herum festnähen.

NOPPEN-TAWASHI

Der Tawashi besteht aus zwei gleichen Teilen (Vorder- und Rückseite), die einzeln gehäkelt werden.

Mit doppelt gelegtem Faden häkeln.

1 Noppe = 3 zus. abgem Stb in 1 M

1. Rd: in Blau 3 Lfm, 8 hStb in 3. Lfm von der Nd aus (= 8 hStb)

2. Rd: *in 1 M: 1 Noppe in Hellblau und 1 hStb in Blau*, von * bis * noch 7 x wdh (= 16 M)

3. Rd: *1 hStb, in 1 M: 1 Noppe in Hellblau und 1 hStb in Blau*, von * bis * noch 7 x wdh (= 24 M)

4. Rd: *2 hStb, in 1 M: 1 Noppe in Hellblau und 1 hStb in Blau*, von * bis * noch 7 x wdh (= 32 M)

5. Rd: hStb, dabei in Hellblau jede 4. M verd (= 40 hStb)

Die zweite Seite auf die gleiche Weise, jedoch ganz in Blau häkeln.

FERTIGSTELLEN

Beide Kreise mit den Noppen nach außen aufeinanderlegen und mit 1 Rd fM in Blau umhäkeln, dabei jede 5. M verd (= 60 hStb). Fäden abschneiden und vernähen.

FISCH-TAWASHI

Körper

In Gelb 28 Lfm und 2 Wende-Lfm anschl.

1. R: 28 hStb

2. R: nur in hinteres M-Glied: 1 M verd, 25 hStb, 2 M zus.häkeln (= 28 hStb)

3. R: nur in vorderes M-Glied: 2 M zus.häkeln, 25 hStb, 1 M verd (= 28 hStb)

Die 2. und 3. R noch 12 x wdh.

Auge (2 x)

1. Rd: in Schwarz 2 Lfm, 5 fM in 2. Lfm von der Nd aus (= 5 fM)

2. Rd: in Weiß nur in hinteres M-Glied: jede M verd (= 10 fM)

3. Rd: jede 2. M verd (= 15 fM)

Mund (2 x)

In Gelb 6 Lfm und 3 Wende-Lfm anschl; dann 2 Stb, 1 Km, 3 Stb (= 6 M)

Seitenflosse (2 x)

In Hellgrün 2 Lfm und 1 Wende-Lfm anschl.

1. R: 2 fM

2. R: 1 M verd, 1 fM (= 3 fM)

3. R: 1 M verd, 2 fM (= 4 fM)

4. R: 1 M verd, 3 fM (= 5 fM)

5. R: 1 M verd, 4 fM (= 6 fM)

6. R: 1 M verd, 5 fM (= 7 fM)

7. R: 1 M verd, 6 fM (= 8 fM)

8. R: 1 M verd, 7 fM (= 9 fM)

1 Rd fM um die gesamte Flosse häkeln, dabei in den Ecken jeweils 3 fM in 1 M arb.

In Blaugrün über das breite Ende der Flosse: *1 Km, 2 hStb in 1 M, 2 Stb in 1 M, 2 DStb in 1 M*, von * bis * noch 1 x wdh (= 14 M)

Schwanzflosse (2x)

In Hellgrün 4 Lfm und 1 Wende-Lfm anschl.

1. R: 4 fM

2. R: 1 M verd, 3 fM (= 5 fM)

3. R: 1 M verd, 4 fM (= 6 fM)

4. R: 1 M verd, 5 fM (= 7 fM)

5. R: 1 M verd, 6 fM (= 8 fM)

6. R: 1 M verd, 7 fM (= 9 fM)

7. R: 1 M verd, 8 fM (= 10 fM)

8. R: 4 hStb, 2 Km, 4 hStb (= 10 M)

1 Rd fM um die gesamte Flosse häkeln, dabei jede 3. M verd und über die 2 Km der 8. R ebenfalls 2 Km häkeln.

FERTIGSTELLEN

Die zwei Teile des Mundes und der Schwanzflosse jeweils zusammennähen. Den Körper rechts auf rechts zusammenklappen. Die Anschlags-Lfm-Kette und die letzte R mit fM zusammenhäkeln. Mithilfe der Nadel einen Faden durch die Maschen eines Randes des so entstandenen Zylinders ziehen und die Fadenenden zusammenziehen. Auf rechts wenden und am anderen Rand wiederholen, sodass beide Enden fest verschlossen sind. Ggf. noch vorhandene kleine Löcher zunähen. Den Körper so hinlegen, dass sich die zusammengezogenen Enden rechts und links befinden. Mund und Schwanzflosse annähen. Die Seitenflossen und die Augen auf beiden Seiten rundum annähen.

TIERISCHE

Mini-Utensilos

JE CA. 40 MIN

SCHWIERIGKEITSGRAD:

GRÖSSE: 5,5–6 cm hoch

MATERIAL

Je 1 Plastikkapsel aus einem Schokoladenei

Häkelgarnreste in Grau, Braun, Rot, Weiß und Schwarz (100 % Baumwolle, LL 125 m/50 g)

Häkelnadel Nr. 3,5

Nähnadel

4 Plastikhalbkugeln in Schwarz, ø 8 mm (Augen Hund und Katze)

3 Plastikhalbkugeln in Schwarz, ø 5 mm (Nase Hund und Augen Maus)

Bastelfilzreste in Rosa und Weiß

Perlonfaden in Schwarz, ø 0,4 mm

Klebstoff, am besten Heißkleber

ANLEITUNG:

In Spiral-Rd häkeln, dabei Rd-Anfang stets mit MM kennzeichnen.

Grundanleitung Körper

1. Rd: 2 Lfm, 6 fM in 2. Lfm von der Nd aus (= 6 fM)

2. Rd: jede M verd (= 12 fM)

3. Rd: jede 2. M verd (= 18 fM)

4.–12. Rd: 18 fM

13. Rd: 2 fM, 14 Lfm, 14 M überspringen, 2 fM (= 18 M)

14.–18. Rd: 18 fM

19. Rd: jede 2. und 3. M zus.häkeln (= 12 fM)

20. Rd: je 2 M zus.häkeln (= 6 fM)

Faden abschneiden, durch alle 6 M fädeln und zusammenziehen. Faden vernähen.

Grundanleitung Schwanz

10 Lfm anschl; dann 9 Km arb. Faden durchziehen und abschneiden.

Grundanleitung runde Ohren (2 x)

2 Lfm, 6 fM in 2. Lfm von der Nd aus, mit 1 Km zur Rd schließen.

Faden durchziehen und abschneiden.

Grundanleitung lange Ohren (2 x)

6 Lfm, ab 2. Lfm von der Nd aus 2 fM, 2 hStb, 1 Stb (= 5 M)

Faden durchziehen und abschneiden.

Grundanleitung Beine (2 x)

2 Lfm, 6 Stb in 2. Lfm von der Nd aus, mit 1 Km zur Rd schließen.

Faden abschneiden.

Hundeleine

5 Lfm anschl, dann 14 Km direkt an die Schnauzenöffnung (Rd 12) häkeln, 5 Lfm, mit 1 Km zur Rd schließen. Für die Leine ca. 20 Lfm häkeln und für die Schlaufe mit 1 Km zur Rd schließen.

Fertigstellen

Die **Augen** jeweils mittig auf den oberen Teil des Körpers kleben.

Pro Figur 3 ca. 8 cm lange Perlonfäden als **Barthaare** zuschneiden. Die Barthaare dann von hinten nach vorne um eine Masche fädeln und vorne gemeinsam verknoten.

Für die **Nase** beim Hund eine Plastikhalbkugel, ø 5 mm, auf den Knoten der Barthaare kleben. Für die Maus- und Katzennase aus dem Filz in Rosa je einen kleinen Kreis ausschneiden und aufkleben.

Die **Ohren** mit dem Anfangs- und Schlussfaden seitlich am Kopf befestigen und zurechtbiegen. Für die Mausohren zusätzlich zwei kleine Kreise aus dem Filz in Rosa ausschneiden und in die Ohren kleben.

Den **Schwanz** mit dem Anfangsfaden hinten am Körper, die Beine je mit dem Anfangs- und Schlussfaden seitlich am Körper befestigen.

Für die **Mausezähne** ein kleines Rechteck aus Bastelfilz in Weiß ausschneiden und mittig in einer Schmalseite einschneiden. Nicht ganz durchschneiden! Mit der nicht eingeschnittenen Seite von innen in das Maul der Maus kleben.

Zum Schluss die Kapseln in die fertigen Tierkörper einsetzen.

HINWEIS

Die Utensilos eignen sich super z. B. als witzige Geschenkverpackung für Kleinigkeiten. Zum Spielen für kleine Kinder sind sie jedoch nur unter Aufsicht eines Erwachsenen geeignet und wenn alle Kleinteile sicher festgenäht statt nur aufgeklebt werden! Die Halbperlen können durch fest angenähte Teile aus Bastelfilz ersetzt werden, die Barthaare durch Häkelgarn-Fäden.

GREIFLING

„Schnecki"

CA. 2,5 STD

SCHWIERIGKEITSGRAD:

GRÖSSE: ca. 17 x 9 cm

MATERIAL

30 g Häkelgarn in Creme sowie Reste in Hellgrün, Hellgelb, Orange und Dunkelbraun (100 % Baumwolle, LL125 m/50 g)

Häkelnadel Nr. 2,5

Füllwatte

Nähnadel

ANLEITUNG:

Jede fM-Rd beginnt mit 1 Lfm und endet mit 1 Km.

Kopf und Haus

1. Rd: in Creme 2 Lfm, 6 fM in 2. Lfm von der Nd aus (= 6 fM)

2. Rd: jede M verd (= 12 fM)

3. Rd: jede 2. M verd (= 18 fM)

4. Rd: jede 3. M verd (= 24 fM)

5. Rd: jede 4. M verd (= 30 fM)

6. Rd: jede 5. M verd (= 36 fM)

7. Rd: jede 6. M verd (= 42 fM)

8.–13. Rd: 42 fM

14. Rd: jede 6. und 7. M zus.häkeln (= 36 fM)

15. Rd: jede 5. und 6. M zus.häkeln (= 30 fM)

16. Rd: jede 4. und 5. M zus.häkeln (= 24 fM)

17. Rd: jede 3. und 4. M zus.häkeln (= 18 fM)

Kopf mit Füllwatte ausstopfen. Weiter für das Schneckenhaus:

18. Rd: jede 3. M verd (= 24 fM)

19.–21. Rd: 24 fM

22.–26. Rd: in Orange 24 fM

27.–31. Rd: in Hellgelb 24 fM

32.–36. Rd: in Hellgrün 24 fM

37.–41. Rd: in Creme 24 fM

42.–46. Rd: in Orange 24 fM

47.–51. Rd: in Hellgelb 24 fM

52.–56. Rd: in Hellgrün 24 fM

57.–61. Rd: in Creme 24 fM

62.–66. Rd: in Orange 24 fM

67.–71. Rd: in Hellgelb 24 fM

72.–76. Rd: in Hellgrün 24 fM

Das Haus nicht zu fest mit Füllwatte ausstopfen.

Fühler (2 x)

1. Rd: in Creme 2 Lfm, 6 fM in 2. Lfm von der Nd aus (= 6 fM)

2. Rd: jede M verd (= 12 fM)

3.+4. Rd: 12 fM

Mit Füllwatte ausstopfen.

5. Rd: je 2 M zus.häkeln (= 6 fM)

6.–10. Rd: 6 fM

FERTIGSTELLEN

Den Schlauch zum Schneckenhaus zusammennähen, dafür das grüne Schlauchende am orangefarbenen Bereich direkt hinter dem Kopf annähen. Die Fühler an den Kopf nähen. Mit Orange den Mund und die Augen in Dunkelbraun aufsticken.

Den Kopf seitlich nach vorn neigen und mit einigen Stichen in dieser Position festnähen.

Nicht ohne Aufsicht spielen lassen. Waschbar bei 40 °C oder laut Herstellerangaben auf der Garnbanderole.

Söckchen
FÜR BABY-JUNGS UND -MÄDELS

CA. 2 STD PRO PAAR

SCHWIERIGKEITSGRAD:

GRÖSSE: für 0–3 Monate

MATERIAL

pro Paar 30 g Sockenwolle, 6-fädig, in Blau-Grau bzw. Bunt gemustert (75% Schurwolle und 25% Polyamid, LL125 m/50 g)

Häkelnadel Nr. 3

Nähnadel mit großem Öhr

MASCHENPROBE:

15 R x 20 hStb = 10 x 10 cm

ANLEITUNG:

Jede hStb-Rd beginnt mit 2 Lfm und endet mit 1 Km.

Jede Stb-Rd beginnt mit 3 Lfm und endet mit 1 Km.

Jede hStb-R beginnt mit 2 Wende-Lfm.

Von oben beginnen. 25 Lfm anschl und mit 1 Km zur Rd schließen.

1.–7. Rd: 25 hStb

Ab jetzt wird in R die Ferse gearb:

1. R: 2 hStb in 1 M, 10 hStb, 2 hStb in 1 M (= 14 hStb)

2. R: 2 hStb in 1 M, 12 hStb, 2 hStb in 1 M (= 16 hStb)

3.+4. R: 16 hStb

Socke auf links drehen, die R in der Mitte falten, und die letzte Reihe zus.nähen.

Socke auf rechts drehen und und für den Fuß wieder in Rd über die Öffnung häkeln:

1.–6. Rd: 25 hStb

7. Rd: 2 x 2 M zus.häkeln, 21 hStb (= 23 hStb)

8. Rd: 2 x 2 M zus.häkeln, 19 hStb (= 21 hStb)

9. Rd: nur in hinteres M-Glied: 2 M zus.häkeln, 19 hStb (= 20 hStb)

10. Rd: nur in hinteres M-Glied: je 2 M zus.häkeln (= 10 hStb)

11. Rd: nur in hinteres M-Glied: je 2 M zus.häkeln (= 5 hStb)

Sockenbund

Über die Anschlags-Lfm-Kette häkeln:

1.+2. Rd: 25 Rel-Stb, abwechselnd von vorne und hinten gestochen

FERTIGSTELLEN

Faden abschneiden und vernähen.

ZWEI SCHNELLE

Schlüsselanhänger

JE CA. 1 STD

SCHWIERIGKEITSGRAD:

GRÖSSE: Haus ca. 5 x 9 cm, Auto ca. 8 x 5 cm

MATERIAL

Auto

50 g Häkelgarn in Rot sowie Reste in Schwarz und Grau (100% Baumwolle, LL 125 m/50 g)

Haus

je 50 g Häkelgarn in Grau und Jeansblau sowie Reste in Rot, Schwarz, Hellgrün und Braun (100% Baumwolle, LL 125 m/50 g)

Beide

Häkelnadel Nr. 3

Nähnadel mit großem Öhr

ANLEITUNG:

Jede fM-R beginnt mit 1 Lfm.

AUTO

Seiten (2 x)

In Rot 15 Lfm anschl

1.–3. R: 15 fM

4. R: 1 fM, 1 M der Vor-R überspringen, 12 fM, 1 M der Vor-R überspringen, 1 fM (= 13 fM)

5. R: 1 fM, 1 M der Vor-R überspringen, 7 fM, restl. M unbehäkelt lassen (= 9 fM)

6. R: 1 fM, 1 M der Vor-R überspringen, 5 fM, 1 M der Vor-R überspringen, 1 fM (= 7 fM)

7. R: 1 fM, 1 M der Vor-R überspringen, 3 fM, 1 M der Vor-R überspringen, 1 fM (= 5 fM)

8. R: 1 fM, 1 M der Vor-R überspringen, 1 fM, 1 M der Vor-R überspringen, 1 fM (= 3 M)

Reifen (4 x)

In Schwarz 3 Lfm anschl; dann 6 hStb in die 2. Lfm von der Nd aus, mit 1 Km zur Rd schließen.

Fenster groß (2 x)

In Grau 3 Lfm anschl; dann 1 hStb, 1 Stb und 1 hStb in die 3. Lfm von der Nd aus.

Faden zum Annähen lang abschneiden.

Fenster klein (2 x)

In Grau 2 Lfm, 3 fM in 2. Lfm von der Nd aus.

Faden zum Annähen lang abschneiden.

FERTIGSTELLEN

Alle Fäden vernähen. Die Reifen und die Fenster an den Seiten annähen. Beide Autoseiten aufeinanderlegen und wie folgt zus. häkeln: An der Motorhaube für die Scheinwerfer einen Faden in Grau mit einer Km anschlingen und 3 fM in 1 fM arb. Dann zu Rot wechseln und ringsum 1 Rd Km häkeln. Für den Auspuff am Heck in Grau 4 Lfm häkeln und diese mit 1 Km in die 1. Lfm befestigen. Für die Schlaufe am Dach in Rot 15 Lfm häkeln, die Lfm-Kette durch den Schlüsselring fädeln und mit 1 Km in die 1. Lfm befestigen.

Fortsetzung
auf S. 48

HAUS

Front (2 x)

In Blau 10 Lfm anschl

1.–9. R: 10 fM

10. R: in Grau 10 fM

11. R: 1 fM, 1 M der Vor-R überspringen, 6 fM, 1 M der Vor-R überspringen, 1 fM (= 8 fM)

13. R: 8 fM

14. R: 1 fM, 1 M der Vor-R überspringen, 4 fM, 1 M der Vor-R überspringen, 1 fM (= 6 fM)

15. R: 6 fM

16. R: 1 fM, 1 M der Vor-R überspringen, 2 fM, 1 M der Vor-R überspringen, 1 fM (= 4 fM)

17. R: 4 fM

18. R: 1 fM, 2 M zus.häkeln, 1 fM (= 3 fM)

19. R: 1 fM, 1 M der Vor-R überspringen, 1 fM (= 2 fM)

Faden zum Annähen lang abschneiden.

Fenster (3 x)

In Schwarz 2 Lfm anschl, dann 2 R mit je 2 fM arb. Faden zum Annähen lang abschneiden.

Tür

In Schwarz 2 Lfm anschl, dann 4 R mit je 2 fM arb. Faden zum Annähen lang abschneiden.

Fach für Einkaufswagenmünze

In Blau 8 Lfm anschl, dann 5 R mit je 8 fM arb. Faden zum Annähen lang abschneiden.

Baum

In Hellgrün 2 Lfm, 6 fM in 2. Lfm von der Nd aus, mit 1 Km zur Rd schließen. Für den Baumstamm an der Baumkrone in Braun mit 1. Km anschlingen und 3 Lfm häkeln.

FERTIGSTELLEN

Alle Fäden vernähen. Tür, Fenster und Baum an der Vorderseite annähen. Das Fach auf der Rückseite annähen, dabei oben einen Schlitz freilassen. Dabei ggf. eine Münze testweise in das Fach stecken und so weit zusammennähen, dass die Münze nicht herausfällt. Beide Hausfronten aufeinanderlegen und mit einer Rd Km in Blau bzw. Grau zusammenhäkeln. Für die Schlaufe am Dach 15 Lfm häkeln, die Lfm-Kette durch den Schlüsselring fädeln und mit 1 Km in die 1. Lfm schließen.

PRAKTISCHE

Häkelnadeltasche

CA. 6 STD

SCHWIERIGKEITSGRAD:

GRÖSSE: 35 x 22 cm

MATERIAL

100 g Häkelgarn in Rosa-Schwarz-Gelb-Beige gemustert (100 % Baumwolle, LL 125 m/50 g)

Häkelnadel Nr. 3,5

2 Druckknöpfe, ø 0,5 cm

Nähnadel

MASCHENPROBE

26 M x 36 R = 10 x 10 cm

ANLEITUNG:

Jede Stb-R beginnt mit 2 Lfm statt des 1. Stb.

45 Lfm und 1 Wende-Lfm anschl.

1. R: 45 fM

2. R: 45 Stb

3. R: 45 Rel-Stb

Die 2. und 3. R noch 9 x wdh (= Platz für 10 Häkel-Nd).

22.–28. R: 45 Stb

29. R: 23 Stb, 22 Rel-Stb (= 45 M)

30. R: 45 Stb

31. R: 23 Stb, 22 Rel-Stb (= 45 M)

32. R: 45 Stb

33. R: 2 Stb, 1 Rel-Stb, 2 Stb, 14 Rel-Stb, 6 Stb, 1 Rel-Stb, 2 Stb, 14 Rel-Stb, 3 Stb (= 45 M)

34. R: 45 Stb

35. R: 2 Stb, 1 Rel-Stb, 22 Stb, 1 Rel-Stb, 19 Stb (= 45 M)

36. R: 45 Stb

37. R: 2 Stb, 1 Rel-Stb, 2 Stb, 14 Rel-Stb, 6 Stb, 1 Rel-Stb, 2 Stb, 14 Rel-Stb, 3 Stb (= 45 M)

38.+39. R: 45 Stb

40. R und oberer Rand: 45 fM, 3 fM in die Eck-M, 80 fM (oberer Rand), 1 Km

Faden abschneiden und vernähen.

Die Fächer für die Häkelnadeln werden wie folgt geschlossen:

Die M-Glieder der Rel-Stb dienen als Anketthilfe.

Den Faden an das hintere M-Glied des 1. Rel-Stb der 3. R mit 1 Km anschlingen.

1. R: 2 Lfm, 19 Stb in das hintere M-Glied der Rel-Stb der 3. R häkeln, in das gegenüberliegende vordere M-Glied eines Rel-Stb der 5. R einstechen und 1 Km häkeln, Arbeit wenden

2. R: 19 Km, dabei in das hintere M-Glied der Rel-Stb der 5. R und das vordere M-Glied der soeben gearb Stb gleichzeitig einstechen, Arbeit wenden

Die 1. und 2. R noch 9 x wdh.

Tipp

Für Knooking-Nd oder Nd-Spiele die Fächer höher schließen.

Fortsetzung auf S. 50

GROSSE TASCHE FÜR EINEN KLEINEN NOTIZBLOCK ODER EINE GROSSE SCHERE

Den Faden an das hintere M-Glied des 1. Rel-Stb der 21. R mit 1 Km anschlingen.

1. R: 2 Lfm, 22 Stb in das hintere M-Glied der Rel-Stb der 21. R arb

2.–7. R: 22 Stb

8. R: 22 Km, dabei in das hintere M-Glied der Rel-Stb der 29. R und in das vordere M-Glied der soeben gearb Stb gleichzeitig einstechen

HALTERUNG FÜR MASCHENMARKIERER

In der 21. R in das 4. Rel-Stb von oben den Faden mit 1 Km anschlingen und 17 Lfm häkeln, dann 16 fM arb.

KLEINE TASCHE FÜR EINE KLEINE SCHERE ODER EINEN STIFT

Den Faden an das hintere M-Glied des 1. Rel-Stb der 29. R mit 1 Km anschlingen.

1. R: 2 Lfm, 22 Stb in das hintere M-Glied Rel-Stb der 29. R häkeln, in das gegenüberliegende vordere M-Glied eines Rel-Stb der 31. R einstechen und 1 Km häkeln, Arbeit wenden

2. R: 22 Km, dabei in das hintere M-Glied der Rel-Stb der 31. R und in das vordere M-Glied der soeben gearb Stb gleichzeitig einstechen

KLEINE TASCHEN FÜR ZUBEHÖR (2 x)

Front

Den Faden an das hintere M-Glied des 2. bzw. 17. Rel-Stb der 33. R mit 1 Km anschlingen

1. R: 2 Lfm, 14 Stb in das hintere M-Glied der Rel-Stb der 33. R arb

2.+3. R: 14 Stb

4. R: 14 Km, dabei in das hintere M-Glied der Rel-Stb der 37. R und in das vordere M-Glied der soeben gearb Stb gleichzeitig einstechen

KLAPPE (1 x)

1. R: 1 Lfm am 1. einzelnen Rel-Stb von R 33 anschlingen, 7 Lfm häkeln und an dem gegenüberliegenden einzelnen Rel-Stb von R 37 mit 1 Km befestigen

2.+3. R: 2 Lfm, 8 Stb

4. R: 8 fM

Faden lang abschneiden, durchziehen und damit die Klappe am oberen Rand annähen.

FLACHKORDEL

2 Lfm anschl, 1 fM in die 1 Lfm arb. Die Arbeit im Uhrzeigersinn drehen. Nun in die unbehäkelte Lfm einstechen und 1 fM häkeln. Die Arbeit drehen und die nächste fM durch die 2 Schlingen an der Seite häkeln. Dies stets wdh, bis die Kordel 40 cm lang ist. Anstelle der letzten fM 1 Km häkeln.

FERTIGSTELLEN

Den unteren Rand mit 80 fM umhäkeln und dabei auch die unteren Ränder der Nadelfächer mit fassen.

Flachkordel an der rechten Seitenmitte (23. Stb) der Häkeltasche annähen. Die Druckknöpfe an der Zubehörtasche annähen.

Alle Fäden abschneiden und vernähen.

DIE PERFEKTE

Büropflanze

CA. 4,5 STD

SCHWIERIGKEITSGRAD:

GRÖSSE: Breite oben ca. 10 cm, Höhe ca. 15–16 cm

MATERIAL

Je 50 g Häkelgarn in Braun, Grün und Orange sowie Rest in Gelb (100 % Baumwolle, LL 125 m/50 g)

Häkelnadel Nr. 3

Nähnadel mit großem Öhr

Pappscheibe (ø 5 cm)

Füllwatte

ca. 8 Blumensteckdrähte in Grün, 35 cm lang

Rundzange

Kneifzange

ANLEITUNG:

Jede fM-Rd beginnt mit 1 Lfm und endet mit 1 Km.

Topf

1. Rd: in Braun 2 Lfm, 6 fM in 2. Lfm von der Nd aus (= 6 fM)

2. Rd: jede M verd (= 12 fM)

3. Rd: jede 2. M verd (= 18 fM)

4. Rd: jede 3. M verd (= 24 fM)

5. Rd: jede 4. M verd (= 30 fM)

6. Rd: jede 5. M verd (= 36 fM)

7. Rd: jede 6. M verd (= 42 fM)

8. Rd: nur in hinteres M-Glied: jede 7. M verd (= 48 fM)

9. Rd: 48 fM

10. Rd: jede 8. M verd (= 54 fM)

11. Rd: 54 fM

12. Rd: jede 9. M verd (= 60 fM)

13. Rd: 60 fM

14. Rd: jede 10. M verd (= 66 fM)

15.–24. Rd: 66 fM

Topfdeckel (Erde)

1. Rd: in Braun 3 Lfm, 6 hStb in 3. Lfm von der Nd aus (= 6 hStb)

2. Rd: jede M verd (= 12 hStb)

3. Rd: jede 2. M verd (= 18 hStb)

4. Rd: jede 3. M verd (= 24 hStb)

5. Rd: jede 3. M verd (= 32 hStb)

6. Rd: jede 4. M verd (= 40 hStb)

7. Rd: jede 4. M verd (= 50 hStb)

8. Rd: jede 5. M verd (= 60 hStb)

9. Rd: jede 10. M verd (= 66 hStb)

Großes Blatt (5 x)

In Grün 20 Lfm und 1 Wende-Lfm anschl.

1. R: 20 Km; weiter auf der Gegenseite der Lfm-Kette: 3 fM in 1. Lfm, 5 Km, 1 Wende-Lfm

In U-förmigen R weiterarb.

2. R: 1. M überspringen, 6 fM, 3 fM in 1 M, 6 fM, 1 Km, 1 Wende-Lfm

3. R: 1. M überspringen, 3 fM, 2 hStb, 2 Stb, 3 Stb in 1 M, 2 Stb, 2 hStb, 3 fM, 1 Km, 1 Wende-Lfm

4. R: 1. M überspringen, 3 fM, 3 hStb, 2 Stb, 3 Stb in 1 M, 2 Stb, 3 hStb, 3 fM, 1 Km

Kleines Blatt (9 x)

In Grün 13 Lfm und 1 Wende-Lfm anschl.

1. R: 13 Km; weiter auf der Gegenseite der Lfm-Kette: 3 fM in 1. Lfm, 5 Km, 1 Wende-Lfm

2.–4. R: wie beim großen Blatt arb

Große Blüte (2 x)

1. Rd: in Gelb 15 Lfm in einen lockeren Fadenring arb, mit 1 Km zur Rd schließen

2. Rd: in Orange *3 Lfm, 2 DStb zus. abm, 3 Lfm, 1 fM, ab * noch 4 x wdh (= 5 Blütenblätter)

Weiter für den Stengel in R:

1. R: in Grün 16 Lfm

2. R: 15 Km

Kleine Blüte (3 x)

1. Rd: in Gelb 15 Lfm in einen lockeren Fadenring arb, mit 1 Km zur Rd schließen

2. Rd: in Orange *2 Lfm, 2 Stb zus. abm, 2 Lfm, 1 fM, ab * noch 4 x wdh (= 5 Blütenblätter)

Weiter für den Stengel in R:

1. R: in Grün 11 Lfm

2. R: 10 Km

FERTIGSTELLEN

Auf den Topfboden eine Pappscheibe (Durchmesser ca. 5 cm) legen, dann den Topf mit Füllwatte füllen. Den Topfdeckel mit Krebs-M (= fM von links nach rechts gestochen) umhäkeln.

Die Steckdrähte mit der Kneifzange je in drei gleich lange Teile schneiden und durch die Rückseiten der Stengel der Blüten bzw. Blätter fädeln. Oben mithilfe der Rundzange eine Öse bilden, damit keine Verletzungsgefahr besteht. Die Öse dann in Blatt bzw. Blüte verstecken.

Handauflagekissen-Set

FÜR MAUS UND TASTATUR

CA. 4 STD

SCHWIERIGKEITSGRAD:

GRÖSSE: Tastatur-Kissen ca. 33 x 8 x 2 cm, Maus-Kissen ca. 15 x 8 x 2 cm

MATERIAL

100 g Häkelgarn in Lila-Hellbraun-Hellblau-Rosa gemustert (100 % Baumwolle, LL 125 m/50 g)

Häkelnadel Nr. 3

Maschenmarkierer

Nähnadel

Deco-Kügelchen

ANLEITUNG:

Die Kissen werden grundsätzlich auf dieselbe Weise, jedoch in unterschiedlichen Längen gearbeitet. Die Angaben für das Tastatur-Kissen stehen in Klammern.

Es wird in Spiral-Rd gehäkelt, Rd-Anfang stets mit MM kennzeichnen.

40 Lfm anschl und mit 1 Km zur Rd schließen. Nun Spiral-Rd mit 40 fM pro Rd häkeln, bis der Schlauch ca. 15 (33) cm lang ist, d. h. ca. 28 (72) Rd.

Den Schlauch an der oberen Kante zusammenlegen und wie folgt schließen: In das hintere und vordere M-Glied der gegenüberliegenden Kanten gleichzeitig einstechen und mit fM schließen.

FERTIGSTELLEN

Fäden abschneiden und vernähen.

Die Kügelchen vorsichtig einfüllen, das Kissen nicht zu fest ausfüllen. Die Höhe des Auflagekissens prüfen. Ist die Höhe zum Arbeiten mit der Maus bzw. der Tastatur angenehm, die Anschlagsseite ebenfalls zur Hälfte zusammenlegen; dabei darauf achten, dass die Deco-Kügelchen nicht wieder herauskommen. Den Faden mit 1 Km anketten und die Öffnung mit 40 fM schließen, dabei wie zuvor in das hintere bzw. vordere M-Glied der Kanten gleichzeitig einstechen.

Faden abschneiden und vernähen.

Tipp

Damit die Deco-Kügelchen nicht aus dem Kissen gedrückt werden, können sie vor dem Einfüllen ins Kissen zusätzlich in einen Nylonstrumpf gefüllt werden.

Leichte Mütze

MIT GROßER BLÜTE

CA. 4,5 STD

SCHWIERIGKEITSGRAD:

GRÖSSE: S/54 cm Kopfumfang, M/56 cm Kopfumfang, L/58 cm Kopfumfang

MATERIAL

100 g gewirktes Strickgarn in Türkis und 25 g in Natur (51 % Baumwolle, 49 % Polyamid, LL 45 m/20 g)

Häkelnadel Nr. 5

Sticknadel Nr. 18 ohne Spitze

MASCHENPROBE:

16 M x 18 R = 10 x 10 cm

ANLEITUNG:

Die Angaben für die Größen S und L stehen in Klammern.

Jede Rd endet mit 1 Km. In Türkis 84 Lfm (80 Lfm/88 Lfm), mit 1 Km zum Ring schließen.

1.–7. Rd: 2 LfM (=1. fM), 83 (79/87) fM. In jeder Rd die 1. fM durch 2 Lfm ersetzen.

8. Rd: 3 Lfm (= 1. Stb), *1 fM überspringen; 1 Stb, 1 Lfm und 1 Stb in 1 M; 1 fM überspringen, 1 Stb, ab * stets wdh. Rd mit 1 Stb, 1 Lfm, 1 Stb in 1 M und 1 Km beenden (= 84 (80/88) M)

9.–17. Rd: wie 8. Rd, jedoch die einzeln stehenden Stb durch 1 Rel-Stb ersetzen.

18. Rd: *1 Rel-Stb, 1 Stb um Lfm-Bogen der Vor-Rd, ab * stets wdh (= 42 (40/44) M)

19.–24 Rd: 42 (40/44) Rel-Stb

25.+26. Rd: *4 Rel-Stb, 2 Rel-Stb zus.häkeln, ab * stets wdh, je nach Größe endet die Rd genau mit einer Abnahme oder einfach mit Rel-Stb (= 35 (34/36) M)

27.+28. Rd: *2 Rel-Stb, 2 Rel-Stb zus.häkeln, ab * stets wdh, je nach Größe endet die Rd genau mit einer Abnahme oder einfach mit Rel-Stb (= 16 (15/17) M)

Faden durch alle M fädeln, fest zusammenziehen.

Fadenenden vernähen.

Große Blüte

In Natur 20 Lfm, mit 1 Km zum Ring schließen. Alle Rd beginnen mit 1 Lfm und enden mit 1 Km.

1. Rd: *1 Lfm überspringen, 6 Stb in 1 M, 1 Lfm überspringen, 1 fM, ab * noch 4 x wdh, die letzte fM nicht häkeln (= 35 M)

2. Rd: *2 Stb, 2 x 2 Stb verd, 2 Stb, 1 fM, ab * noch 4 x wdh, die letzte fM nicht häkeln (= 45 M)

3. Rd: *2 Stb, 4 Stb verd, 2 Stb, 1 fM, ab * noch 4 x wdh, die letzte fM nicht häkeln (= 65 M)

4. Rd: *2 Stb, 6 Stb verd, 2 Stb, 1 fM, ab * noch 4 x wdh, die letzte fM nicht häkeln (= 85 M)

Kleine Blüte

In Natur 12 Lfm, mit 1 Km zum Ring schließen. In den Ring *1 fM, 1 hStb, 1 Stb, 2 DStb, 1 Stb, 1 hStb arb, ab * 7 x wdh. Blüte mit 1 Rd fM in Türkis umhäkeln, dabei in jedes DStb 2 fM (= 72 fM) häkeln.

FERTIGSTELLEN

Die große und kleine Blüte übereinander auf die Mütze nähen.

DER FRÜHLING KANN KOMMEN

Papierkorb

AUS TEXTILGARN

CA. 4 STD

SCHWIERIGKEITSGRAD:

GRÖSSE: Umfang 80 cm, 25 cm hoch

MATERIAL

450 g Textilgarn in Türkis-Blau und 100 g in Royalblau (LL 130 m/250 g)

Häkelnadel Nr. 8

Nähnadel

ANLEITUNG:

Jede fM-Rd beginnt mit 1 Lfm und endet mit 1 Km.

1. Rd: in Türkis-Blau 2 Lfm, 6 fM in 2. Lfm von der Nd aus (= 6 fM)

2. Rd: jede M verd (= 12 fM)

3. Rd: jede 2. M verd (= 18 fM)

4. Rd: jede 3. M verd (= 24 fM)

5. Rd: jede 4. M verd (= 30 fM)

6. Rd: jede 5. M verd (= 36 fM)

7. Rd: jede 6. M verd (= 42 fM)

8. Rd: jede 7. M verd (= 48 fM)

9. Rd: jede 8. M verd (= 54 fM)

10. Rd: jede 9. M verd (= 60 fM)

12. Rd: jede 10. M verd (= 66 fM)

13. Rd: jede 11. M verd (= 72 fM)

14. Rd: nur in hinteres M-Glied: 72 fM

15.–32. Rd: 72 fM

33.–35. Rd: in Royalblau 72 fM

36. Rd: 13 fM, 15 Lfm, 10 fM überspringen, 26 fM, 15 Lfm, 10 fM überspringen, 13 fM (= 82 M)

37. Rd: 13 fM, 13 hStb um die 15 Lfm der Vor-Rd, 26 fM, 13 hStb um die 15 Lfm der Vor-Rd, 13 fM (= 78 M)

38. Rd: 13 fM, 1 hStb überspringen, 11 hStb, 1 hStb überspringen, 26 fM, 1 hStb überspringen, 11 hStb, 1 hStb überspringen, 13 fM (= 74 M)

FERTIGSTELLEN

Alle Fäden abschneiden und vernähen.

Tipp

Möchten Sie den Papierkorb ohne Henkel gestalten, häkeln Sie einfach in Runde 36-38 weiter je 72 feste Maschen.

Wand-Einhorn

FÜR ECHTE KITSCH-FANS

CA. 6 STD

SCHWIERIGKEITSGRAD:

GRÖSSE: ca. 24 x 37 cm (inkl. Horn)

MATERIAL

150 g Häkelgarn in Helllila und je 50 g in Hellgrün und Magenta (100 % Baumwolle, LL 63 m/50 g)

Häkelnadeln Nr. 5 und Nr. 7

2 Glas-Tieraugen in Braun, ø 20 mm

Rest Bastelfilz in Weiß

Rest Geschenkpapier in Rosa

starke Pappe, DIN A3 (für Boden und Halterung)

2 Bilderhaken

Hammer

Nagel

Heißkleber

Füllwatte

Nähgarn

Nähnadel mit großem Öhr

ANLEITUNG:

Jede fM-R beginnt mit 1 Wende-Lfm.

Jede fM-Rd beginnt mit 1 Wende-Lfm und endet mit 1 Km.

Jede hStb-Rd beginnt mit 2 Wende-Lfm und endet mit 1 Km.

Kopf

1. Rd: in Helllila mit Nd Nr. 7 und doppelt gelegtem Faden 2 Lfm, 6 fM in 2. Lfm von der Nd aus (= 6 fM)

2. Rd: hStb, dabei jede M verd (= 12 hStb)

3. Rd: jede 2. M verd (= 18 hStb)

4. Rd: jede 3. M verd (= 24 hStb)

5. Rd: jede 5. M verd (= 28 hStb)

6.–15. Rd: 28 hStb

16. Rd: jede 5. und 6. M zus.häkeln, mit 4 hStb enden (= 24 hStb)

17. Rd: jede 3. und 4. M zus.häkeln (= 16 hStb)

18. Rd: jede 2. und 3. M zus.häkeln (= 8 hStb)

19. Rd: je 2 M zus.häkeln (= 4 hStb)

Den Kopf mit Füllwatte füllen.

Hals

Rückseite:

1. Rd: in Helllila mit doppelt gelegtem Faden 2 Lfm, 6 fM in 2. Lfm von der Nd aus (= 6 fM)

2. Rd: jede M verd (= 12 fM)

3. Rd: jede 2. M verd (= 18 fM)

4. Rd: jede 3. M verd (= 24 fM)

5. Rd: jede 4. M verd (= 30 fM)

6. Rd: jede 8. M verd (= 33 fM)

Ab hier beginnt der **Hals**:

7. Rd: zweifarbig mit einem Faden in Helllila und einem Faden in Hellgrün nur in hinteres M-Glied: 33 hStb

8.+9. Rd: 33 hStb

10. Rd: jede 11. und 12. M zus.häkeln (= 30 hStb)

11.+12. Rd: 30 hStb

13. Rd: jede 10. und 11. M zus.häkeln (= 27 hStb)

14.–17. Rd: 27 hStb

Fortsetzung
auf S. 61

Ohr (2 x)

In Magenta mit Nd Nr. 5 und doppelt gelegtem Faden 9 Lfm und 1 Wende-Lfm anschl.

1.–3. R: 9 fM

4. R: 1 fM, 1 fM der Vor-R überspringen, 5 fM, 1 fM der Vor-R überspringen, 1 fM (= 7 M)

5. R: 7 fM

6. R: 1 fM, 1 fM der Vor-R überspringen, 3 fM, 1 fM der Vor-R überspringen, 1 fM (= 5 M)

7. R: 5 fM

8. R: 1 fM, 1 fM der Vor-R überspringen, 1 fM, 1 fM der Vor-R überspringen, 1 fM (= 3 fM)

9. R: 1 fM der Vor-R überspringen, 1 fM, 1 Km (= 3 M)

Augenlid (2 x)

In Magenta mit Nd Nr. 5 8 Lfm und 1 Wende-Lfm anschl.

1. R: 8 fM

2. R: 2 M verd, 6 fM, 2 M verd (= 10 fM)

3. R: 2 M verd, 8 fM, 2 M verd (= 12 fM)

Nüster (2 x)

1. Rd: in Magenta mit Nd Nr. 5 2 Lfm, 6 fM in 2. Lfm von der Nd aus (= 6 fM)

2. Rd: jede M verd (= 12 fM)

Horn

1. Rd: 2 Lfm, 6 fM in 2. Lfm von der Nd aus (= 6 fM)

Ab hier stets nur in hinteres M-Glied arb.

2.–5. Rd: 6 fM

6. Rd: jede 3. M verd (= 8 fM)

7.–11. Rd: 8 fM

12. Rd: jede 4. M verd (= 10 fM)

13.+14. Rd: 10 fM

15. Rd: jede 5. M verd (= 12 fM)

16.+17. Rd: 12 fM

18. Rd: jede 6. M verd (= 14 M)

19. Rd: jede 3. M verd (= 18 fM)

FERTIGSTELLEN

Die Ohren leicht gebogen oben am Kopf annähen. Die Nüstern vorn im unteren Bereich annähen.

Das Augenlid mit der kürzeren Seite seitlich am Kopf annähen. Für die Augäpfel aus dem weißen Bastelfilz ca. 3 cm große Kreise ausschneiden. Die rückseitigen Ösen der Augen flach zur Seite umbiegen und die Augen dann mittig auf die weißen Kreise nähen. Die Kreise mit den Augen unterhalb des Augenlids an den Kopf kleben oder nähen.

Einen Pappkreis (ca. ø 10 cm) ausschneiden und zur Verstärkung des Bodens in den Hals legen. Ein weiteres Pappstück, ca. 20 cm Durchmesser, zuschneiden und passgenau mit dem rosa Geschenkpapier bekleben. Mit Heißkleber mit der rosa Seite nach vorne gegen die Rückseite des Einhornhalses kleben. Nun die Rückseite mit den beiden Pappscheiben flach auf einer Werkbank oder anderen festen Unterlage platzieren, sodass Sie von oben in den Hals hineinschauen. Mithilfe von Hammer und Nagel ca. 1 cm und 3 cm innerhalb der Außenkante des kleinen Pappkreises in regelmäßigen Abständen durch beide Pappen hindurch Löcher schlagen. Durch diese zwei Löcher-Kreise hindurch die Scheiben sowie die Halsrückseite mit Nadel und Faden fest miteinander vernähen. Faden auf der Rückseite gut verknoten und nah am Knoten abschneiden. Dann fest mit Füllwatte ausstopfen und den Hals an den Kopf nähen. Die beiden Bilderhaken im oberen Teil der Rückseite der rosa beklebten Scheibe nebeneinander befestigen.

Für die Mähne ca. 14–20 cm lange Fäden schneiden und am Rücken in mehreren Reihen von der Mitte aus anknöpfen. Zwischendurch immer wieder schauen, ob die Mähne die richtige Länge hat. Für den Pony längere Fäden schneiden und oben zwischen den Ohren anknüpfen.

Im Nacken zwischen der letzten Runde des Kopfes und der ersten Runde des Halses unsichtbar noch einige Stiche setzen und sehr fest anziehen, damit das Einhorn stärker nach oben schaut.

Alle Fäden abschneiden und vernähen.

Tipp

Für ein Stecken-Einhorn die Halsrückseite nicht mit 2 Lfm, sondern mit einem Luftmaschen-Ring aus 18 oder 24 Luftmaschen beginnen (je nach Durchmesser des Steckens) und dann ab Runde 4 oder 5 weiterhäkeln. Später keine Pappscheibe einlegen etc., dafür den Stecken durch das Anfangsloch schieben, dann den Hals mit Füllwatte ausstopfen. Den Hals an den Kopf nähen. Einen Faden durch alle Maschen des Anfangs-Luftmaschenrings ziehen, so fest wie möglich zuziehen und den Faden verknoten und vernähen.

ABKÜRZUNGEN

anschl	anschlagen
arb	arbeiten
DStb	Doppelstäbchen
fM	feste Masche(n)
hStb	halbe(s) Stäbchen
insg	insgesamt
Km	Kettmasche(n)
Lfm	Luftmasche(n)
LL	Lauflänge
M	Masche(n)
MM	Maschenmarkierer
Nd	Nadel
R	Reihe(n)
Rd	Runde(n)
Rel	Relief
restl.	restlich(e)
Stb	Stäbchen
U	Umschlag
verd	verdoppeln
wdh	wiederholen
zus.	zusammen

SCHWIERIGKEITSGRADE

Für Einsteiger

Für Geübte

Für Fortgeschrittene

MODELL- UND BILDNACHWEIS

MODELLE: Mara Engel (S. 34, 56), Angela Lehmbach (S. 18, 20, 32, 40, 46–54, 60), Yvonne Markus (S. 21–30, 35, 37, 42, 44, 58)

HÄKEL-BASICS: Ulrike Lowis (außer S. 12, Häkeln in abgeschlossenen Runden), Sam Lavender (S. 12, Häkeln in abgeschlossenen Runden)

FOTOS UND ILLUSTRATIONEN: Ullrich Alber (Modellfotos), Jochen Arndt, Berlin (Fotos Häkel-Basics außer S. 12 u. l. und r., 14, 15 l.), Naumann und Göbel Verlag (Freisteller S. 62, Foto Häkel-Basics S. 12 u. l.), Amelie Biegel (S. 12 r.), Rüdiger Schleßelmann, Velbert (S. 14, 15 o. l.), Fotolia.com: © RainLedy (Illustration Wollknäuel), © RoyStudio (Leinenstruktur auf farbigen Seiten)